中华
经典通识

《梦溪笔谈》通识

王家葵——著

中华书局

图书在版编目（CIP）数据

《梦溪笔谈》通识/王家葵著. —北京:中华书局,2025.5. —（中华经典通识/陈引驰主编）. —ISBN 978-7-101-17076-4

Ⅰ.Z429.441

中国国家版本馆 CIP 数据核字第 2025EC6389 号

《梦溪笔谈》通识

著　　者	王家葵
丛 书 名	中华经典通识
主　　编	陈引驰
丛书策划	贾雪飞
责任编辑	董洪波
装帧设计	毛　淳
责任印制	管　斌
出版发行	中华书局
	（北京市丰台区太平桥西里 38 号　100073）
	http://www.zhbc.com.cn
	E-mail:zhbc@zhbc.com.cn
印　　刷	天津裕同印刷有限公司
版　　次	2025 年 5 月第 1 版
	2025 年 5 月第 1 次印刷
规　　格	开本/880×1230 毫米　1/32
	印张 8¾　字数 140 千字
印　　数	1-6000 册
国际书号	ISBN 978-7-101-17076-4
定　　价	62.00 元

编者的话

　　经典常读常新，一代有一代的思想，一代有一代的解读。"中华经典通识"系列丛书，邀请当今造诣精深的中青年学者，为读者朋友们讲授通识课。希望通过一本"小书"，轻松简明地讲透一部中华传统经典。

　　本系列丛书由复旦大学陈引驰教授主编，每本书的作者都是该领域的名家，他们既有深厚的学养，又长于深入浅出，融会贯通。每本书都选配了大量相关的图片，图文相生，能增强阅读的趣味性。

　　希望这套丛书，能成为人们了解中华传统文化的可靠津梁。

目　录

走进梦溪园

公元十一世纪是宋王朝最繁华的时期，重大事件几乎都围绕变法和党争展开，杰出人物应运而出，相较于大名鼎鼎的范仲淹（989—1052）、欧阳修（1007—1072）、司马光（1019—1086）、王安石（1021—1086）、苏轼（1037—1101），沈括（1031—1095）的影响力或许稍逊一筹，然不仅月球表面有沈括坑，浩瀚宇宙之深处，还闪烁一颗以"沈括"命名的小行星，皆是迄今为止欧阳修王安石等人未曾享受的待遇。

沈括人生经历之丰富，涉猎领

沈括纪念邮票

1962 年中国古代科学家邮票第二组，即有沈括。而欧阳修、司马光、王安石、苏轼，很晚才有幸登上新中国邮票。

域之多门，以致《梦溪笔谈》虽然是他晚年遣兴撰写的随笔，自谦"以之为言则甚卑"，完全没有存藏名山传诸不朽的心思，但作为记录宋代科技文明的小百科，却为他赢得巨大声名。

1　通人沈括

"通人"在古代是很高的评价语，《论衡》说"能说一经者为儒生，博览古今者为通人"，以沈括一生行止，"博学善文，于天文、方志、律历、音乐、医药、卜算，无所不通，皆有所论著"（《宋史·沈括传》），确实当得起这两个字。

北宋钱塘沈氏是江南望族之一，沈括的祖父沈英有二子，长子沈同登咸平三年（1000）进士，次子沈周登大中祥符八年（1015）进士。沈括是沈周的次子，字存中，生于宋仁宗天圣九年（1031，一说为明道元年1032），母亲许氏。

沈周及第以后，先后在四川、江苏、福建等地任职，沈括随父游宦，少年时代就有开阔的眼界，晚年回想起来，儿时的见闻也拉杂载入《梦溪笔谈》中。比如有人讨论杜甫诗"家家养乌鬼，顿顿食黄鱼"中的"乌鬼"是鸬鹚的别名，沈括补充说："余在蜀中，见人家养鸬鹚使捕鱼，信然，但不知谓之乌鬼耳。"（《梦溪笔谈·艺文》）这便是幼年的事情（沈周曾任北宋时简州平泉县令，沈括幼年时曾短暂留蜀），偶然映入脑海者。

皇祐三年（1051）沈周去世，因为生计所迫，沈括在至和元年（1054）守制期满后即以父荫入仕，担任海州沭阳县主簿。沈括在写给朋友的信中感叹，自己本来"志于为学"，现在却成了一名"最贱且劳"的底层官员，尽管如此，也愿意以平常之心对待，表示："既已出身为吏，不得复若平时之高视阔步，择可为而后为，固宜少善其职矣。"（《长兴集·答崔肇书》）沈括言行如一，在县期间治理沭水，"为百渠九堰，以播节原委，得上田七千顷"（《宋史·沈括传》），牛刀小试，即获成功，初步展现出在工程方面的卓越才干。

科举才是晋升的正途，沈括不甘沉沦下僚，果断放弃荫职，专心备考，嘉祐八年（1063）进士及第，治平元年（1064）授扬州司理参军，负责刑狱诉讼。在职期间，沈括得到后来成为他老丈人的淮南转运使张刍的赏识，受推荐为昭文馆校书郎。在馆数年，沈括奉命参与详定浑天仪，他提出有关日月形状及计算黄道星度的理论，得到宰相文彦博的赞许。他在天文学方面崭露头角，也为熙宁年间提举司天监，改良天文测量仪器，上《浑仪议》《景表议》《浮漏议》（《宋史·天文志》），以及后来主持修订《奉元历》埋下伏笔。

熙宁四年（1071）沈括母丧守制期满，返京复职，当时王安石主持变法风头正健，对沈括颇多倚重，乃至"朝廷新政规画巨细，括莫不预"（《续资治通鉴长编》）。当时新设检正中书五房公事（即孔目房、吏房、户房、兵礼房、刑房五房，辅助宰相处理省务，兼有监察作用），沈括担任检正中书刑房公事，不久又兼提举司天监，加史馆检讨，其后提举疏浚汴渠，曾奉旨察访淮南灾情，"发常平钱粟，疏沟渎，治废田，以救水患"（《宋史·沈括传》），又在王安石举荐下察访两浙农田水利，都是用其所长。

沈括不仅在天文、水利等技术方面展现出良好的才干，也奉命参与朝廷的外交和军事活动。

当时宋辽互为敌国，摩擦不断，熙宁七年（1074）又发生领土纠纷，沈括被任命为河北西路察访使，巡视边境，整饬防务。次年因为辽国提出的边界线划分不利于宋，谈判陷入僵

（北宋）佚名《景德四图》之"契丹使朝聘"

故宫博物院藏。图中辽使来贺真宗生日，可见宋辽交通之一斑。

局。沈括对边疆地理素有研究，查阅档案，先后上《奏乞宣谕馆伴等俱晓分水岭本末事》等，详细分析敌方意图，提出应对建议。于是神宗召对资政殿，弄清来龙去脉以后，感叹说："两府不究本末，几误国事。"特别夸赞沈括："如果不是爱卿的详细说明，如何能打赢这场边界官司。"皇帝亲笔画了一幅地图，叫人拿到中书和枢密院，令传给辽国使臣，又特赐沈括白银千两，让他以回谢使的身份出使辽国（《续资治通鉴长编》）。

对完成使命，沈括也不是很有信心，出行以前，又蒙神宗召见，皇帝问："敌情难测，万一中途生变，危及使者生命，不知卿如何自处？"沈括乃冲口而出："唯当以死报国。"皇帝则说："忠义之臣合该如此，但此行肩负国家安危，卿安则边疆安。我朝自然是礼仪之邦，可争一口闲气，终究于事无补，千万不可如此。"如此叮嘱再三。载于《续资治通鉴长编》中的这段对话，君臣性格也跃然纸上了。

到达辽国以后，谈判进行得异常艰难，因为证据材料准备充分，沈括面对敌方的各种刁难，都能够应对自如，最终达成协议，紧张的宋辽关系得以暂时缓解。在回程中，沈括还图绘沿途地理形势、山川险要，搜集风俗民情等信息，撰成《使契丹图抄》进呈。

古今文人好言兵法者不少，但如沈括那样，有机会在军事上一逞才干者为数不多。沈括的母舅许洞（976—1015）曾著《虎钤经》，是一部著名的兵书。虽然沈括无缘亲承教诲，军事思想则一脉相承，熙宁七年兼判军器监，为其参与军务之始。

军器监负责军械生产，冷兵器时代，弓箭与铠甲是攻防的重要武器，沈括对其制作与优化，皆有深刻研究，一些成果还通过《梦溪笔谈》保留下来。比如记兄长沈披善射，自作的良弓具有六善："一者性体少而劲；二者和而有力；三者久射力不屈；四者寒暑力一；五者弦声清实；六者一张便正。"并总结相

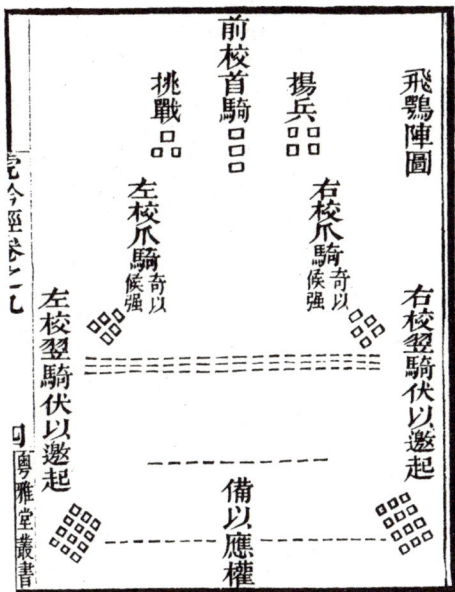

清粤雅堂本《虎钤经》飞鸦阵图

材、治筋、用胶的要领（《梦溪笔谈·技艺》）。提到古代名剑如沈卢、鱼肠，皆"以剂钢为刃，柔铁为茎干"，可免断折；在海州任职时，得到一件新出土的弩机，他根据勾股定理，参透提高瞄准精度的方法；又记录青堂羌人锻造铠甲的技术机密。也涉及辅助装备，说："古法以牛革为矢服，卧则以为枕，取其中虚。附地枕之，数里内有人马声，则皆闻之，盖虚能纳声也。"（《梦溪笔谈·器用》）在此期间，沈括还研究阵法，编写出

（南宋）陈居中《猎骑带禽图》

台北故宫博物院藏。图中一契丹兵士手拿弓箭。

《修城法式条约》等军事学专著。

　　沈括的军事指挥才能，直到元丰三年（1080）知延州（今陕西延安），担任鄜（fū）延路经略安抚使，才真正体现。鄜延路是宋廷在秦陇地区设立的军区之一，辖今陕西北部，与西夏邻接，若能坚守，则"扼左衽之喉襟，执西冲之筦钥"（《长兴集·延州谢到任表》），战略地位十分重要。沈括深明此理，到任以后积极备战，组织青壮年骑射角力，悬赏奖励优胜者，于是当地民众挽弓射箭成为风气，只一年多时间，就补充兵勇千余人，大大增强了边防守军的力量（《宋史·沈括传》）。又谱作凯歌十余曲，令士卒传唱，以鼓舞士气。《梦溪笔谈·乐律》还记录其中五首：

先取山西十二州，别分子将打衔头。
回看秦塞低如马，渐见黄河直北流。

天威卷地过黄河，万里羌人尽汉歌。
莫堰横山倒流水，从教西去作恩波。

马尾胡琴随汉车，曲声犹自怨单于。
弯弓莫射云中雁，归雁如今不记书。

旗队浑如锦绣堆，银装背嵬打回回。
先教净扫安西路，待向河源饮马来。

灵武西凉不用围，蕃家总待纳王师。
城中半是关西种，犹有当时轧吃儿。

元丰四年七月，宋兵分五路进击西夏，鄜延路的统帅由经略副使种谔（北宋军事世家，即《水浒传》中经常称道的"老种经略相公”）担任，沈括镇守后方。在沈括的指挥调度下，宋军以少胜多，先后取得顺宁、金汤大捷，沈括以"本路出兵守安疆界，应副边事有劳"，升任龙图阁直学士（《续资治通鉴长编》）。

遗憾好景不长，元丰五年神宗钦差给事中徐禧专权独断，在永乐筑城固守，被西夏断水围攻，乃至全军覆没，沈括亦因为"措置乖方"而"责授均州团练副使、随州安置"（《宋史·神宗纪》），政治生涯至此落下帷幕。三年后沈括遇赦安置秀州（今浙江嘉兴），再因为上《天下州县图》获得表彰，获许"任便居住"，便在润州（今江苏镇江）梦溪园隐居，直到六年后绍圣二年（1095）去世，享年六十五，归葬故乡钱塘。

2 壬人恶名

沈括是通才，学问其实更偏重于今日所谓的理工，但如果一味以理工思维看待文科问题，不免有煞风景的时候。《梦溪笔谈·讥谑》指责白居易《长恨歌》"峨嵋山下少人行，旌旗无光日色薄"，偏离唐明皇幸蜀路线，尚符合"诗歌地理学"；

又通过数学运算，批评杜甫《古柏行》"霜皮溜雨四十围，黛色参天二千尺"说："四十围乃径七尺，无乃太细长也。"如此不解风情，后人也觉得好笑，王观国《学林》专门拈出：

> 杜子美《古柏行》曰："霜皮溜雨四十围，黛色参天二千尺。"存中《笔谈》曰："无乃太细长乎？"观国按，子美《潼关吏》诗曰"大城铁不如，小城万丈余"，世岂有万丈余城耶？姑言其高耳。四十围二千尺者，姑言其高且大也。诗人之言当如此，而存中乃拘拘然以尺寸校之，则过矣。

言犹未尽，又补一刀说，汉武帝作建章宫，《史记》形容"度为千门万户"，后来班固《西都赋》、杜牧《阿房宫赋》都用"千门万户"来刻画宫殿雄阔，如果真要计较的话，"户"是门扉，两扇为一门，按"千门万户"坐实，岂不是一门有十户矣。观沈括一生行止，基本没有脱离"理工男"的思维，这样的人设，在北宋中期的复杂政治斗争环境下不能讨巧，甚至开罪各方，也是理固宜然。

苏轼一生常犯"水逆"，重大坎坷之一的乌台诗案可能就与沈括有些瓜葛。据王铚《元祐补录》说，当年沈括受命察访两浙农田水利，上殿辞别皇帝时，神宗专门叮嘱关照时任杭州通判的苏轼。待与苏在杭把酒话旧，求得苏轼手书新作一卷，沈括回京，忽然想起皇帝"关照"的指示，竟详细将其批点注释以后进呈，揭发苏轼心怀不满。言语讪谤云云。苏轼当时还不以为意，继续写诗送给沈括，老友刘恕调笑说："真不长记性，你就不怕他又进呈啊。"后来李定、舒亶掀起文字狱，沈括即始作俑者。

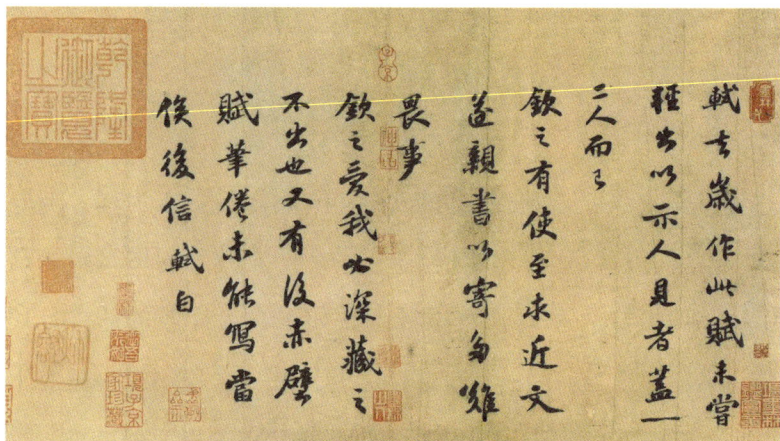

苏轼自书《赤壁赋》题记

内容为："轼去岁作此赋，未尝轻出以示人，见者盖一二人而已。钦之有使至，求近文，遂亲书以寄。多难畏事，钦之爱我，必深藏之不出也。"看来苏轼还是被文字狱弄怕了。

李焘将此事附录入《续资治通鉴长编》，但将信将疑，表示"当考详，恐年月先后差池不合"。传言或许有夸大的成分，且存而不论，王安石与沈括闹矛盾，乃至开出"壬人"恶评，则不是空穴来风者。

王安石像

王安石较沈括年长，出仕也早，皇祐三年括父沈周去世，墓志铭即由王安石撰写，当时沈括方弱冠，墓志铭仅言"两男世其家"（《临川文集·太常少卿分司南京沈公墓志铭》），与王安石应该没有特别的交往。嘉祐八年（1063）沈括进士及第，王安石权同知贡举，存在名义上的师生关系，到熙宁二年（1069）王安石参知政事，开始变法，因为"宿德旧人议论不协"，需要任用新进，沈括能力强而主张相合，自然受到青睐（沈括的侄儿沈辽更早被王安石赏识，王曾经赠诗"风流谢安石，潇洒陶渊明"，但后来王安石变法，沈辽主张不同，遂被摈除不用，际遇正好与沈括相反），他早期官运升转的背后，应该都有王安石助力。

聚集在王安石周围主张新法的一班人，其实各怀心思，互相倾轧，这些算计，远非"理工男"沈括所能应对。可能是吕惠卿挑唆，王安石在罢相复起以后（熙宁八年），忽然失去对沈括的信任，至少在两次与神宗的谈话中，将沈括称为"壬人"，即奸佞小人。一次神宗打算在曾孝宽、沈括之间择一人判兵部事，王安石直接斥沈括是"内怀奸利之心"的"壬人"，不可亲近。又一次，神宗与王安石议论吕惠卿"忌能、好胜、不公"，如何之不堪，连带提及吕嫉妒沈括之才能。王安石再次说："（沈括为人）反复，人人所知，真是壬人，陛下当畏而远之，虽有能，然不可亲近。"（《续资治通鉴长编》）

记载如此，真是不好辩驳，不仅仅是党争的缘故，沈括自身一定也存在弱点，所以宋人在沈括生前身后，都乐于编排有关他的坏话。比如《元祐补录》在讲完乌台诗案的秘辛后又补充说，元祐年间，沈括已经在镇江赋闲，苏轼知杭州，沈又前后讨好，令苏轼"益薄其为人"。更多的八卦，则围绕沈括家的悍妻展开，《萍州可谈》说：

沈括存中，入翰苑，出塞垣，为闻人。晚娶张氏，悍虐，存中不能制，时被棰骂，捽须堕地，儿女号泣而拾之，须上有血肉者，又相与号恸，张终不恕。余仲姊嫁其子清直，张出也。存中长子博毅，前妻儿，张逐出之。存中时往赒给，张知辄怒，因诬长子凶逆暗昧事。存中责安置秀州，张时时步入府中，诉其夫子，家人辈徒跣从劝于道。先公闻之，颇怜仲姊，乃夺之归宗。存中投闲十余年，绍圣初复官，领宫祠。张忽病死，人皆为存中贺，而存中恍惚不安。船过扬子江，遂欲投水，左右挽持之，得无患，未几不禄。或疑平日为张所苦，又在患难，方幸相脱，乃尔何耶？余以为此妇妒暴，非碌碌者，虽死魂魄犹有凭借。

真伪不必问，做人落到这个地步，真是令人感叹。

3 笔谈解题

沈括著述甚多，留下来的则很有限，除了残存19卷的《长兴集》外（后人将此书与其侄子沈遘的《西溪集》、沈辽的《云巢编》合刻为《吴兴三沈集》），最重要的就是《梦溪笔谈》了，这是沈括晚年隐居镇江时的作品，自序如下：

> 予退处林下，深居绝过从，思平日与客言者，时纪一事于笔，则若有所晤言；萧然移日，所与谈者，唯笔砚而已，谓之"笔谈"。圣谟国政及事近宫省，皆不敢私纪，至于系当日士大夫毁誉者，虽善亦不欲书，非止不言人恶而已。所录唯山间木

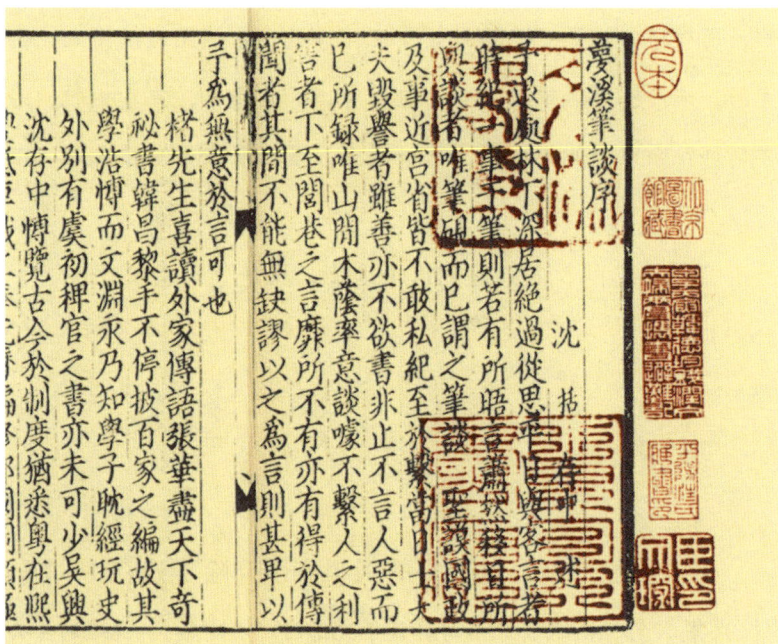

元大德本《梦溪笔谈》序

荫、率意谈噱，不系人之利害者，下至闾巷之言，靡所不有。
亦有得于传闻者，其间不能无缺谬。以之为言则甚卑，以予为
无意于言可也。

不说朝廷内幕，不谈人物是非，甚至预先声明，若有误听
传闻，记录不实之处尚请读者包涵理解——如果了解沈括的人
生经历，这短短一段话，其实流露出无尽的孤独与郁愤。

书名中的"梦溪"，即梦溪园，这是沈括自己经营的小园
林，《嘉定镇江志》谓其址在朱方门外之东，沈括晚年还作有
小文，叙述梦溪园的来历：

翁年三十许时，尝梦至一处，登小山，花木如覆锦。山
之下有水澄激，极目而乔木翳其上。梦中乐之，将谋居焉。自
尔岁一再梦，或三四梦
至其处，习之如平生之
游。后十余年，翁谪居
宣城，有道人无外谓京
口山川之胜，邑之人有

"梦溪"古石碑

圃求售者。及翁以钱三十缗得之，然未知圃何在。又后六年，翁坐边议谪废，乃庐于浔阳之熨斗洞，将为庐山之游以终身焉。元祐元年，道京口，登道人所置之圃，恍然乃梦中所游之地。翁叹曰："吾缘在是矣。"于是弃浔阳之居，筑室于京口之陲。巨水蓊然，水出峡中，渟潆杳冥，缭绕地之一偏者，目之曰"梦溪"。

　　"笔谈"即沈括自序说"纪一事于笔，则若有所晤言"者，将所见所思记录下来，也暗含当世无可与言者，不妨留一段文字待后人论定的意思。笔记是著作之一体，古人多称为小说，作者将自己的朝野见闻、思虑心得、阅读感悟之类，信笔为文，汇编成书。笔记文体滥觞于魏晋，唐宋已经非常成熟，甚至有专以志奇怪、考故实、发议论、谈诗文为主题的笔记，而多数笔记仍是无所不包的"大杂烩"，《梦溪笔谈》即属后者，其中部分门目的性质略同于后世的学术随笔。全书分故事、辨证、乐律、象数、人事、官政、权智、艺文、书画、技艺、器用、神奇、异事、谬误、讥谑、杂志、药议共17门类，连同《续笔谈》《补笔谈》，一共600余条。

元大德本《梦溪笔谈》目录

夢溪筆談目錄

卷第一

故事一

卷第二

故事二

卷第三

辨證

卷第四

辨證二

卷第五

樂律

卷第六

樂律二

卷第七

象數一

卷第八

象數二

卷第九

人事一

卷第十

元大德本《梦溪笔谈》卷一卷首

古迂陳氏家藏夢溪筆談卷一

沈括 存中 述

故事一

上親郊郊廟冊文皆曰恭薦歲事先景靈宮
謂之朝獻次太廟謂之朝饗末乃有事于
南郊予集郊式時曾預討論常疑其次序
若先爲尊則郊不應在廟後若後爲尊則
景靈宮不應在太廟之先求其所從來蓋
有所因按唐故事凡有事于上帝則百神
皆預遣使祭告唯太清宮太廟則皇帝親
行其冊祝皆曰取某月某日有事于某所
不敢不告宮廟謂之奏告餘皆謂之祭告
唯有事于南郊方爲正祠至天寶九載乃
下詔曰告者上告下之詞今後太清宮宜
稱朝獻太廟稱朝饗自此遂失奏告之名
冊文皆爲正祠

正衙法座香木爲之加金飾四足墊角其前
小壐纖藤冒之每車駕出幸則使老內臣
馬上抱之日駕頭辇後曲蓋謂之筤兩扇
夾心通謂之扇筤皆繡亦有銷金首即古

第一部分是"故事"，凡 51 条（与《补笔谈》条目合计，下同。《续笔谈》11 条未分门类，故 17 门合计为 598 条）。故事的本意如字面，即已成为历史的事件，以非虚构为特点，也称为"故实"。古人在笔记体裁中作为"故事"而加以记录者，通常以朝廷典章制度为大宗，本书亦如此，故安排在篇首。其内容往往是可以援引的成例，比如引《集贤院记》提到，唐开元年间凡校书官都可称为"学士"，然后说："今三馆职事皆称'学士'，用开元故事也。"又记神宗职官制度改革以前，中书令都由宗室兼任，外姓只有死后追赠，没有生前获得此职位者，唯一例外是元丰年间仁宗曹皇后的胞弟曹佾，以至于办理人事手续时，有司说："向来没有活中书令领取俸禄的先例。"

第二部分是"辨证"，凡 52 条。辨证乃是辨疑纠错的意思，各种问题都可以纳入讨论。比如韩愈的样子本来是胖大而少胡须（韩愈形容自己"腰腹空大何能为"，唐人孔戣《私记》也说"退之丰肥善睡"），可世间所传韩愈画像却往往"小面而美髯"，沈括说这其实是南唐韩熙载的模样，因为熙载的谥号是文靖，江南人将"韩文靖公"省称为"韩文公"，于是引起混淆。更遗憾的是，元丰年间诏韩愈配享孔庙，而"郡县所画皆是熙

（南唐）顾闳中《韩熙载夜宴图》中的韩熙载像

载，后世不复可辩，退之遂为熙载矣"。

第三部分是"乐律"，凡46条，主要讨论音乐问题，古代看重音乐的政教职能，所以本部分也安排靠前。本类不仅涉及庙堂礼乐的社会政治意义，对乐器、乐律、乐曲、吟唱，以及声音的物理性质等都有讨论。比如说："古诗皆咏之，然后以声依咏以成曲，谓之协律。其志安和，则以安和之声咏之；其志怨思，则以怨思之声咏之。故'治世之音安以乐'，则诗与志、声与曲，莫不安且乐；'乱世之音怨以怒'，则诗与志、声与曲，莫不怨且怒。此所以审音而知政也。"此正《礼记·乐记》所言"审声以知音，审音以知乐，审乐以知政，而治道备矣"的引申。

第四部分是"象数"，凡45条。象数属于易学，象是征象，数是数理，《左传·僖公十五年》说："龟，象也；筮，数也。物生而后有象，象而后有滋，滋而后有数。"这是古人认识宇宙万物的基本模式，认为日月盈亏、春秋时序皆在其中，天文、历法也属于象数的范畴，这是沈括最熟悉的领域之一，本部分即以此为主。值得一提的是，沈括对象数的认识与易学家不太一样，在《补笔谈》中专门谈到，圣人虽洞悉宇宙秘密，心知而难于言宣，不得已乃垂象；学者应该通过观象来追求问题本质，如此才谈得上体察过去和预测将来。沈括总结说："《易》之象皆如是，非独此数也。知言象为糟粕，然后可以求《易》。"

第五部分是"人事"，凡38条，主要记录知名人物的轶事掌故，颇可补史书之不足，虽以表彰为主，却未必都是"不言人恶"，也有一些皮里阳秋的影射，倒也符合沈括的性格。具体内容或长或短，至简者只有一句话："王子野生平不茹荤腥，居之甚安。"王质是丞相王旦的侄儿，官至天章阁待制，不食荤腥本来是生活习惯，加上"居之甚安"四字，则含有对王质品德的认可。又记梅妻鹤子的著名隐士林和靖，高逸倨傲，才艺多门，唯独不会围棋，乃自嘲说："遍世间事皆能之，唯不能担粪与著棋。"将至俗至雅的两件事并列而形成反差，因此传为佳话，后人有诗云："穿来小径夕阳斜，又到孤山处士家。担粪著棋无个事，一生清兴只梅花。"

金禹民刻"不能担粪与著棋"

金禹民是近代篆刻家寿石工弟子，风格工稳。

第六部分是"官政"，凡 39 条，记录行政制度的来龙去脉，沈括曾权三司使，主理财政，故本类涉及与钱粮有关的税法、盐法、茶法等问题较多，多数有作者的评议，不失为珍贵的宋代经济学史料。沈括还担任过检正中书刑房公事，其司法思想也见于本类。他主张"用法者须知立法之意"，比如鞠真卿守润州时，处理斗殴案件，除了按律惩处外，特别判先动手者赔钱给对方，小民惜财，虽"终日纷争，相视无敢先下手者"。这就跟今天法制宣传"打输住院，打赢坐牢"一样，起到很好的预防犯罪效果。

第七部分是"权智"，凡27条。权智即权谋与智慧，前者更适用于兵阵，即所谓"兵以诈立"。沈括亲历宋与西夏、辽国的边境争端，本部分记录狄青用兵出奇制胜，曹玮巧计诱敌，李允则暗中扩建城池，种世衡巧设反间计等，并总结说："军中诈谋，未必皆奇策，但当时偶能欺敌，而成奇功。"智慧则广泛用于生产生活，比如陵州盐井检修，陕西疏通堰塞，昆山修建长堤等，皆有技术含量，一定程度反映出当时的先进生产力。

第八部分是"艺文"，凡37条，主要记载与文学有关的内容。艺文通常是笔记的大宗题材，本书篇幅相对较少，涉及诗歌评论、文章作法等亦有可观。比如记古诗有"风定花犹落"之句（据《南史》这句是南朝陈代谢贞的诗），一直没有很好的句子为对偶，王安石对以梁代王籍（沈括原书误王籍为南朝宋人）的"鸟鸣山更幽"。比较之下，王籍原诗"蝉噪林逾静，鸟鸣山更幽"，两句意思犯重复，王安石新组的句子"风定花犹落，鸟鸣山更幽",则"上句乃静中有动,下句动中有静",更加高妙。沈括还提到,王安石"始为集句诗,多者至百韵,皆集合前人之句,语意对偶,往往亲切过于本诗",这是谈集句诗的沿革。沈括熟悉音韵,讨论古音押韵、反切起源、切韵字母等,也颇有发明。顺便一提者,本书"辨证"有一条谈《楚辞》句尾用"些",为楚人旧俗,至北宋该地区巫师禁咒语也用"些"结尾,又说梵语"萨嚩诃"也是"些"的合音。不论意见正确与否,从内容来看,此条放在"艺文"部分似更妥当。

第九部分是"书画",凡 21 条,主要讨论书法与绘画,也涉及艺术品鉴藏。《补笔谈》题作"艺文"的 5 条,内容其实为书画,可能是标目错误。古人论画推崇形神兼备,沈括也认可这一说法,故言:"书画之妙,当以神会,难可以形器求也。世之观画者,多能指摘其间形象、位置、彩色瑕疵而已,至于奥理冥造者,罕见其人。"话虽如此,"理工男"在谈论具体作品时,仍然会斤斤计较于图画的"形象、位置、彩色",比如赞赏欧阳修所藏牡丹图,缘由在于牡丹显示为正午时分的花色,图中猫咪的瞳孔也作狭缝状,写状真实,于是判定为"善求古人心意"之作。

（宋）佚名《富贵花狸图》

图中亦有花狸猫，不过眼睛没有眯缝。

第十部分是"技艺"，凡 21 条，涉及数学、工程学、历法、医学等方面，以记录工匠层面的技术发明为主。古代士大夫阶层高高在上，拥有绝对话语权，因为"巫医乐师百工之人，君子不齿"（韩愈《师说》）的传统，其发明创造也被看作奇技淫巧，不受重视，乃至湮没。沈括是少有的例外，《梦溪笔谈》中的大量记载便显得难能可贵，其"科学家"声誉之获得，部分来源于此。本类记录活字印刷术、弓箭制造、建筑原理、高阶级数运算等，都是古代科技史的重要文献。其中一条说："世之摹字者，多为笔势牵制，失其旧迹，须当横摹之，泛然不问其点画，惟旧迹是循，然后尽其妙也。"这是谈论书法复制品的制作，自然属于"技艺"范畴，此后一条说："古人以散笔作隶书，谓之'散隶'。近岁蔡君谟（即"宋四家"之一的蔡襄）又以散笔作草书，谓之'散草'，或曰'飞草'。其法皆生于飞白，亦自成一家。"可能是由前一条牵连而来，内容其实应该归入"书画"类。

第十一部分是"器用"，凡 22 条，主要讨论古器物。宋人重视文物，金石学大兴，如《集古录》《金石录》《考古图》《宣和博古图录》《历代钟鼎彝器款识图录》《啸堂集古录》等，皆是重要的文献。沈括对出土和传世的器物也深有兴趣，本

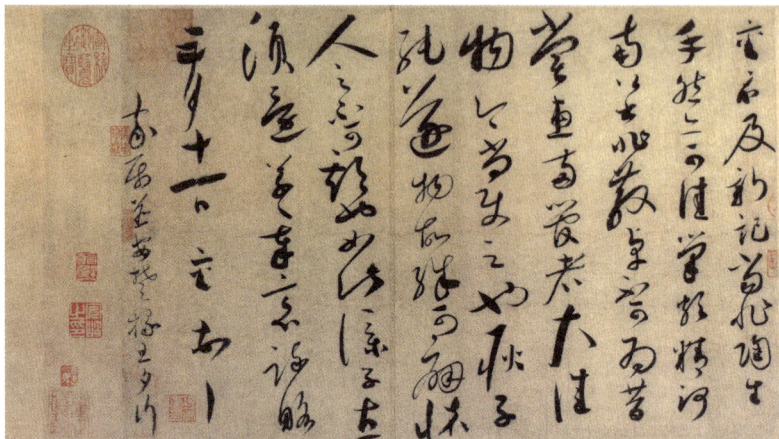

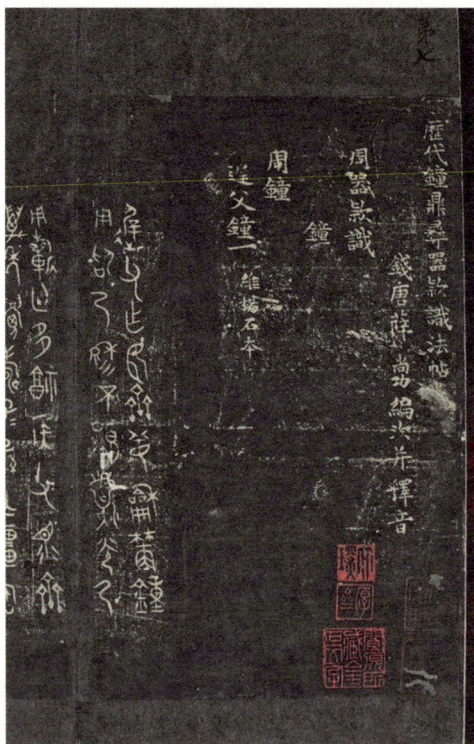

（北宋）蔡襄《陶生帖》

蔡襄是宋代书法四大家之一，这件小草书信札行笔流畅，颇有晋人风韵。

（宋）薛尚功《历代钟鼎彝器款识法帖》石本图

部分讨论黄彝、吴钩、弩机、透光镜等，并非主要以赏玩为目的，更在于以物证史，特别是对一些器械工作原理的探究，充分体现出"理工男"的科学眼光。

第十二部分是"神奇"，凡 19 条，以记录神异事件为主。古人对自然现象不能完全解释，于是归于神怪。此部分多条涉及雷电，如记内侍李舜举家遭雷击后，室内金属器物皆融化，而屋舍完好，沈括亦不识其理，感叹说："人但知人境中事耳，人境之外，事有何限？欲以区区世智情识，穷测至理，不其难哉？"预测未来也是术士彰显神异常用的伎俩，沈括对此似乎将信将疑，既津津乐道于某人预克亡日的"神通"，又从逻辑上质疑。沈括认为，如果能够预知未来，那证明万事皆已前定；但如果知晓未来有坏事发生而加以规避，坏事就不发生了；既然坏事最终没有发生，也就证明预测不准。

第十三部分是"异事（附异疾）"，凡 33 条，所记也是奇闻异事，偏于自然现象，如地震、海市蜃楼、龙卷风等，也有诅咒术、紫姑神、预测术等，与此前"神奇"门类近似。但神奇中的事件往往会归因于相对正统的神佛信仰，比如"神奇"类记李及之家种的芜菁、菘菜，遇干旱悉数化成莲花样，其中

（宋）佚名《缂丝佛像轴》

图中佛端坐于莲花之上。

仿佛还有佛像端坐花中（十字花科植物感染白锈病，花瓣肥厚变绿，久不凋落，略似莲花，花序轴肿胀弯曲如龙头状，遂被认为是佛像），沈括记录传言云："李君之家奉佛甚笃，因有此异。"而自己在秀洲亲眼所见，霜雪在瓦上凝结成花状，甚至"有大花似牡丹、芍药者，细花如海棠、萱草辈者，皆有枝叶，无毫发不具"，就只记录在"异事"类。

第十四部分是"谬误（附谲诈）"，凡 13 条，从立意来看，可能是模仿《世说新语》"纰漏"与"假谲"两门。比如刻画丁谓的狡诈，又记包拯被小人欺之以方，揭露科举占卜的内幕等，皆可以归为"谲诈"；而讨论郑玄、段成式误释名物等，自然属于"谬误"，但安排在"辨证"类更为妥当。

第十五部分是"讥谑（附谬误）"，凡 19 条，应该是模仿《世说新语》"排调"拟的名目，主要记的是幽默故事。比如记某一前高官的远亲游苏州，兴之所至，题壁书"大丞相的远房侄儿到此一游"，滑稽人士李璋看不下去，故意在旁边大书："混元皇帝（唐代封老子为混元皇帝）的三十七代孙李某人也曾来过。"明代有一段笑话，与此异曲同工。说一富老婆子，特好虚名，重金聘请道士为她题写寿材，可惜祖上实在没啥可以矜夸的，撸秃头皮终于落笔："翰林院侍讲大学士国子监祭酒隔壁王婆婆之柩。"至于"谬误"，则是因误会而引出的笑话，与此前专指疏漏的"谬误"不同。比如记南方人喜欢用隐语，呼梅子为"曹公"，这是望梅止渴的典故，而王羲之爱鹅，所以以"右军"隐射白鹅，于是有人以酸梅和烧鹅送礼，清单上写"醋浸曹公一瓮，汤燖右军两只"，真令人捧腹。

第十六部分是"杂志"，凡71条，大多属于不易归类的条目，以自己的见闻为主。今天颇受注目的如鄜延路的石油，铅（yán）山县的水法炼铜，雁荡山的地貌，磁偏角现象，以及西夏、吐蕃、交趾的历史沿革，王小波李顺起义等，都出自本门类。

第十七部分是"药议"，凡44条，主要是与药物有关的内容，涉及药物品种、采收、药性、临床功效、配伍等内容，多数亦见于沈括所编《良方》中。

以上是对全书内容的简要概述。《梦溪笔谈》作为笔记之书，在《四库全书》中隶属于子部杂家类之杂说（《四库全书》杂家分杂学、杂考、杂说、杂品、杂纂、杂编六类，其中杂说乃"议论而兼叙述者"），《四库全书总目提要》说：

括在北宋，学问最为博洽。于当代掌故及天文、算法、钟律，尤所究心。赵与时《宾退录》议其"积罂"一条文字有误，王得臣《麈史》议其"算古柏"一条议论太拘，小小疏失，要不足以为累。至"月如银丸，粉涂其半"之说，《朱子语录》取之；"蒲卢即蒲苇"之说，朱子《中庸章句》取之。其他亦多为诸书所援据。汤修年跋称其"目见耳闻，皆有补于世，非他杂志之比"，勘验斯编，知非溢美矣。

这是古代对此书的代表性评价。近现代价值观念迁移，注重"科学"，《梦溪笔谈》虽非科技文献，但胜在内容丰富，阅读相对轻松，公众关注程度远在《九章算术》《甘石星经》《水经注》《齐民要术》《营造法式》《本草纲目》《天工开物》等学科专著之上，乃至获得"科技百科"之美誉，李约瑟《中国科学技术史》更是将此书称为"中国科学史上的坐标"。

今人胡道静先生对《梦溪笔谈》有深入研究，他评价沈括其人："沈括是我国历史上的一位光辉灿烂的科学家，但是他在学术上的成就与贡献，也不是仅仅局限于科学技术这一方面。他一生的业绩，在政治、经济、军事、外交各个方面都有建树。总的来说，他是一个全面的人才，也是一个有全体观念的人物。"（《沈括研究·科技史论》）具体到《梦溪笔谈》，胡道静将全书 609 条按照自然科学与人文科学分为两大类，详列为表格（《〈梦溪笔谈〉导读》）：

《梦溪笔谈》主题分类表

自 然 科 学		人 文 科 学	
数学	4	礼仪	15
天文历法	22	职官	22
气象	12	科举、翰林	14
地质	11	经学	15
地理	16	文学	34
物理	5	艺术	25
化学	3	法律	10
建筑	8	军事	16
水利	9	宗教、卜筮	28
生物	32	风俗	4
农学	8	经济	21
医药	43	史学、考古	28
工程技术	16	语言文字学	19
		音乐	44
		舆服	12
		典籍	17
		博戏	4
		杂闻轶事	92
	189		420

4 版本流变

今天通行的《梦溪笔谈》由三部分组成:《梦溪笔谈》26 卷计 17 门类 507 条;《补笔谈》3 卷计 11 门类 (故事、辨证、乐律、象数、官政、权智、艺文、器用、异事、杂志、药议) 91 条;《续笔谈》1 卷计 11 条不分门类。笔记书的撰写,往往随作者兴之所至,一书既成,如果还有余兴,也不妨续作,比如洪迈继《容斋随笔》之后,有《容斋续笔》《容斋三笔》《容斋四笔》《容斋五笔》,而《梦溪笔谈》出现"补""续"的原因则并非如此。

简单翻阅 26 卷的《梦溪笔谈》,就会发现卷帙条目安排颇有奇怪之处,除了杂志两卷条目分配平均 (前卷 30 条后卷 30 条) 外,其余门类,后卷条目往往少于前面一卷,具体言之:故事两卷,前卷 30 条,后卷 11 条;辨证两卷,前卷 29 条,后卷 11 条;乐律两卷,前卷 29 条,后卷 5 条;象数两卷,前卷 27 条,后卷 8 条;人事两卷,前卷 32 条,后卷 6 条;官政两卷,前卷 24 条,后卷 11 条;艺文三卷,前两卷分别 18 条、11 条,末卷仅 3 条。条目参差的同时,还伴有字数差异,比如

"乐律二"仅 5 条，字数不足一千，"艺文三"仅 3 条，字数不足五百。尤其关键者，同门类的条目间几乎不存在逻辑联系，各条可以任意调整顺序，完全不影响全书的整体性。也就是说，只要作者或者某一位编辑者愿意，既可以在 26 卷不变的前提下，将前卷的条目移一些到后卷，如果不计较总卷数，也可以直接将一些篇幅小的后卷，如"乐律二""艺文三"归并入前卷，很容易令各卷大致平均。

造成现在这种状态，不外两种可能：一种情况是作者原稿如此，或者初版所据底本即如此，虽辗转翻刻，卷帙乃至条目仍保持原貌；另一种情况是初刻本完整无缺，流传中残缺，今传本为据残本翻刻。

现存 26 卷本以国家图书馆藏元大德九年陈仁子东山书院刊本（简称"大德本"）为最早，另有明代覆刻宋本和据此本的覆刻本，此外还有明清刻本若干种，皆为 26 卷。大德本保留有南宋乾道二年（1166）左迪功郎充扬州州学教授汤修年跋，称大帅周侯整修学宫，以余资"刊沈公《笔谈》，为养士亡穷之利"，自己"备校书之职，谨识其本末"，并且"证辨讹舛凡五十余字，疑者无他本，不敢以意骤易，姑存其旧，以俟好古

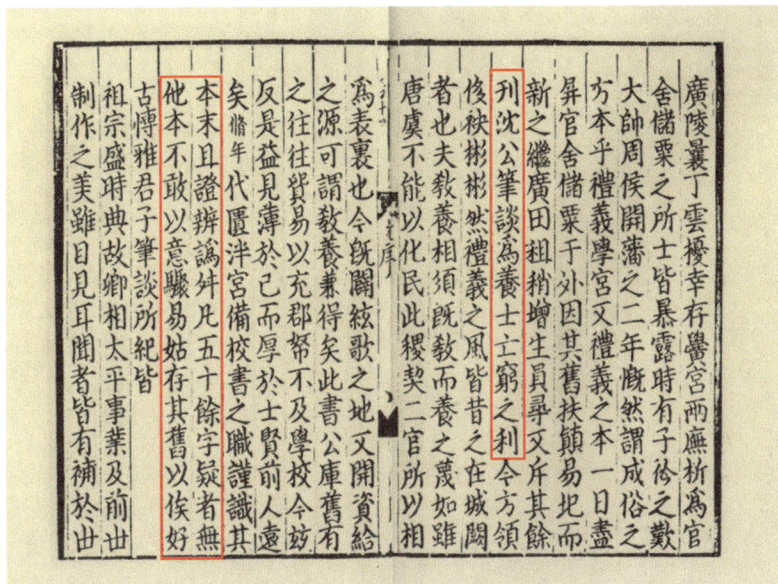

廣陵襄丁雲擾幸存營宮兩廡析為官舍儲粟之所士皆暴露時有子裕之歎大帥周侯開藩之二年慨然謂成俗之方本乎禮義學宮又禮義之本一日盡新之繼廣田租稍增生員尋又斥其餘昇官舍儲粟于外因其舊扶頫易圮而唐虞不能以化民此稷契二官所以相刋沈公筆談為養士之窮之利今方領者也夫教養相須既教而養之蔑如雖後秩彬彬然禮義之風皆昔之在城闕之源可謂教養兼得矣此書公庫舊有之往往貿易以充郡帑不及學校今玆反是益見薄於己而厚於士賢前人遠矣臨年代置泮宮備校書之職謹識其本末且證辨譌舛凡五十餘字疑者無他本不敢以意職易姑存其舊以俟好古博雅君子筆談所紀皆祖宗盛時典故卿相太平事業及前世制作之美雖目見耳聞者皆有補於世

元大德本《梦溪笔谈》汤修年跋

博雅君子"。汤修年特别提到，"此书公库旧有之，往往贸易以充郡帑，不及学校，今兹及是，益见薄于己而厚于士，贤前人远矣"。因此知大德本据乾道二年扬州州学刻本而来，而州学刻本又据扬州公使库藏本简单校定后刻板。另据绍兴年间晁公武《郡斋读书志》已著录"《笔谈》二十六卷"。再往前追溯，康熙《扬州府志·邹浩传》称"浩在扬州刻沈存中《梦溪笔谈》于郡斋"，邹浩（1060—1111）武进人，曾任扬州、颍昌府教授，累官兵、吏二部侍郎。如果记载属实，扬州公使库藏本应该就是邹浩所刻（或据邹浩元丰七年、元祐二年期间任扬州州学教授，将《梦溪笔谈》刊刻时间确定为元祐二年以前，于是断言此书完成于沈括入住润州梦溪园以前。此说恐非，《扬州府志》仅说邹浩刻书于郡斋，他在出仕以后至去世以前，都有机会出资刻书），则《梦溪笔谈》26卷本在北宋应该已经刻板流传。

其实，北宋人著作中已经开始称引沈括此书，王辟之《渑水燕谈录》记秀州祥符院僧智和蓄一古琴有李阳冰篆书三十九字，征引后专门提及沈括《笔谈》、朱长文《琴史》皆有著录，检《梦溪笔谈·乐律》确实说到"吴僧智和有一琴"云云。此后唐慎微编《证类本草》[《证类本草》的著成时间在大观二年（1108）以前]，引用《梦溪笔谈》更有十余条之多。《渑水燕谈录》自序作于绍圣二年（1095），恰好是沈括去世之年，无论王辟之、唐慎微所引录的《梦溪笔谈》是传抄本还是刊刻本，可以确定，此书在沈括生前已经在坊间流传，并为文人乐道。

综合以上情况，《梦溪笔谈》面世之初很可能就是如今所见的26卷，并不存在流传中残缺散佚的情况。但毋庸讳言，就分卷状态而言，更像是一部未能最后定稿的文件，既不符合作者意愿，也难满足出版者的要求，何以如此呢？

前引《萍州可谈》提到沈括生命的最后两年（绍圣初年），

后妻张氏病故，沈括精神失控，举止异常，不久亦去世。此虽为野史，却非孤证，沈括晚年为梦溪园所作小记，末尾说自己居住此园四年后患病，"涉岁而益羸"，哀叹将死不久（原文说"濒枢木矣，岂翁将蜕于此乎"，即行将就木之意），流露出很强的悲观情绪，推算时间，也是在去世前两三年。或许可以猜测，大约在元祐八年（1093）前后，沈括自觉命不久矣，遂将未最终完成的《梦溪笔谈》写下简短而色调灰暗的自序，甚至没有顾得上完善卷帙等细节，就仓促付梓，后世流传者皆是此 26 卷本。

《梦溪笔谈》草率刻成以后，沈括尚在人世，在生命的最后一段时间又有补作，这就是后人所称的《补笔谈》和《续笔谈》部分。续篇已见于南宋《遂初堂书目》，称"沈氏《续笔谈》"，明初《文渊阁书目》则称"《补笔谈》一部一册"。今存《补笔谈》刻本以明代万历年间陈继儒辑刻《宝颜堂秘笈》为最早，商濬辑刻《稗海》除收入《补笔谈》外，又增加《续笔谈》11 条。《稗海》本《续笔谈》书题下有注云："张设安正本有之，安正云传自梦溪之子传毅。"胡道静《新校正梦溪笔谈》谓："按朱彧《萍州可谈》卷三载沈括长子博毅，'传'字当是'博'字之误。"意思是《续笔谈》这 11 条最初得自沈括后人，由此推论，沈括补订的《梦溪笔谈》一直留存家中，可能没有获得机缘按照沈括的意思刻成 30 卷，后来逐渐散出，乃以《补笔谈》《续笔谈》的名义单独成书。

特别有意思的是，《补笔谈》许多条目都存有批语，比如第一条的批语说："补第二卷后十件。"意思是此下 10 条应该增补到卷二"故事二"中，则故事二就由原来的 11 条变成 21 条，与"故事一"篇幅大致相当。《补笔谈》"官政"共 4 条，第一条批语说："补第十一卷一件（中）。"第二条批语说："补第十三卷二件（中）。"第三条批语说："补十四卷后一件。"意思是第一条补在第 11 卷，第二、三条补在第 13 卷，第四条补在第 14 卷。从具体内容看，这五条确实都属于"官政"，而检 26 卷本，"官政"在卷 11 和卷 12，看来沈括后来又重新调整了卷帙，"官政"内容已经改为四卷，总体卷数自然有所扩充。由此理解《补笔谈》"药议"共 16 条，第一条批语说："补二十九卷后三事。"第四条批语说："补第三十卷十二件（药议二）。"即"药议"由原来仅占一卷，调整为"药议一""药议二"两卷，卷次也由原来的第 26 卷变为第 29 和第 30 卷。

《续笔谈》则没有批语，内容几乎都属于"艺文"，检《补笔谈》"艺文"所补 5 条，内容其实属于"书画"，可能是后世刻书者根据第一条前批语"补第十八卷后五事"，错误标目。故《续笔谈》与《补笔谈》应该合为一体，都是沈括自己增补的内容，流传过程中被分成两部分。由此可以认为，在 26 卷本刻成以后，沈括至少增补了故事、辨证、乐律、象数、官政、权智、艺文、书画、器用、异事、杂志、药议共 12 门类，至于人事、技艺、神奇、谬误、讥谑 5 门类是否也曾增补，抑或只是如《续笔谈》"艺文"11 条那样在传抄中失类，却又未能找回，就不得而知了。

沈括不仅新补条目，对旧作还有修订，《补笔谈》"钟馗"和《续笔谈》"乌鬼"两条都透露修订信息，为简约计，举"乌鬼"条为例。《续笔谈》云：

杜甫诗有"家家养乌鬼，顿顿食黄鱼"之句，近世注杜甫诗，引《夔州图经》称："峡中人谓鸬鹚为乌鬼。"蜀人临水居者，皆养鸬鹚，系绳其颈，使之捕鱼，得鱼则倒提出之，至今如此。又尝有近侍奉使过夔峡，见居人相率十百为曹，设牲酒于田

（南宋）李迪《九鹩图》中的鸬鹚

间，众操兵仗，群噪而祭，谓之养鬼（"养"读从去声）。言乌蛮战殇，多与人为厉，每岁以此禳之，又疑此所谓"养乌鬼"者。

对照《梦溪笔谈》卷16"艺文三"第一条：

士人刘克博观异书。杜甫诗有"家家养乌鬼，顿顿食黄鱼"。世之说者，皆谓夔峡间至今有鬼户，乃夷人也，其主谓之鬼主，然不闻有"乌鬼"之说。又鬼户者，夷人所称，又非人家所养。克乃按《夔州图经》称："峡中人谓鸬鹚为乌鬼。

蜀人临水居者，皆养鸬鹚，绳系其颈，使之捕鱼，得鱼则倒提出之，至今如此。"余在蜀中，见人家养鸬鹚使捕鱼，信然，但不知谓之乌鬼耳。

这其实同是一条，《续笔谈》系沈括针对同一问题（杜诗"家家养乌鬼"）补充证据（"近侍奉使过夔峡"，亲眼见土人祭祀）重新组织语言，调整结论（原稿倾向于"乌鬼"是鸬鹚，修改后的结论则倾向于"乌鬼"是当地土人的迷信活动）后的修订本。由此可见，沈括在26卷本出版后，不仅增补内容，调整卷帙，还曾修订文字。更有意思的是，南宋《邵氏闻见后录》曾引用沈括此条：

夔峡之人，岁正月，十百为曹，设牲酒于田间，已而众操兵大噪，谓之养（原注：去声）乌鬼。长老言：地近乌蛮战场，多与人为厉，用以禳之。沈存中疑少陵"家家养乌鬼"，其自也。疏诗者乃以"鸬鹚别名乌鬼"。予往来夔峡间，问其人，如存中之言，鸬鹚亦无别名。

从内容来看，邵博确实见过《续笔谈》此条，由此证明沈括续补的文字，至迟在南宋已经流传出来（关于《梦溪笔谈》成书及补续来历、卷帙变化，历代异说纷纭，本论聊供一家之言）。

《梦溪笔谈》版本甚多，元大德本曾以《元刊梦溪笔谈》书名影印，整理本则以金良年先生点校本（中华书局，"唐宋史料笔记丛刊"，2015）质量最优，并有简体字排印本（中华书局，"中华国学文库"，2017），可备阅读学习之需。

人文杂俎 一

　　杂俎者，杂录也。笔记体裁的著作内容通常芜杂，涉及面广而系统性弱，就人文学科而言，可以涵盖政治、宗教、社会、历史、语文、经济、法律、军事、艺术等各个领域。《梦溪笔谈》也是无所不包，胡道静先生将书中人文主题总结为18部类，今则归并为经学大义、典章制度、边疆军务、人物品藻、语言文学、音乐声律、书画文物、奇闻怪谈八篇加以介绍。阅读者如果对相关背景有所了解，或许更能从字里行间体会出沈括的思想观念和政治立场，或寄予"了解之同情"，或发出"会心之一笑"。

1　经学大义

　　古代社会讲政治，儒家经学便是最大的政治。沈括长于

《春秋》和《孟子》，黄庭坚称赞他"博极群书，至于《左氏春秋传》、班固《汉书》，取之左右逢其原，真笃学之士也"（黄庭坚《题王观复所作文后》）。沈括著有《春秋机括》《左氏纪传》《孟子解》，皆属经学著作，《梦溪笔谈》也有这方面的内容。

宋代儒学由汉唐的训诂之学转向义理之学，大约"庆历以前，学者尚文辞，多守章句注疏之学，至刘原父（刘敞）为《七经小传》，始异诸儒之说，王荆公（王安石）修《经义》，盖本于原父云"（吴曾《能改斋漫录》），发展到极端，乃有"舍注疏而立异论"（苏辙《龙川别志》）的倾向。

沈括素来秉承理性思维，主张注疏与义理不可偏废。他说，古人注经被叫作"章句之学"，通过分章断句来解释经典，后人嫌其不能阐释微言大义，遂加以鄙视，此为不妥，毕竟"章句不明，亦所以害义理"，《梦溪笔谈》具体举《易经》《尚书》《论语》的句读训释为例。比如《论语·为政》子贡问君子之意，孔子回答"先行其言而后从之"——这句如果连读，很容易理解为君子语言在先（先行其言），然后付诸行动（而后从之）；沈括认为最好在"先行"处断句，如此则意思直白，即君子当先做而后说。

又举例说，《尚书·伊训》"成汤既没，太甲元年"句，孔安国解释作"汤没，而太甲立称元年"。这显然不对，因为根据《孟子》记载，成汤之后，尚有外丙和仲壬两个君主，然后才是太甲（成汤的嫡长子太丁先卒，成汤死后，乃由太丁之弟外丙和外丙之弟仲壬依次继承王位，仲壬去世后，伊尹拥立太丁之子太甲继位）。或怀疑此句存在脱文，沈括则认为，引起误会的原因，是孔安国的注释不该安排在"太甲元年"之后，导致"太甲元年伊尹作《伊训》"一句从中间断开，由此引发歧义。沈括最后总结说："似此之类极多，皆义理所系，则章句亦不可不谨。"（《补笔谈·辨证》）

《春秋》是儒家六经（《诗》《书》《礼》《易》《乐》《春秋》为六经，《乐经》失传，故亦称"五经"）之一，传为孔子所修，故《孟子》云："孔子成《春秋》而乱臣贼子惧。"因为《春秋》的政治学属性，书中每一细节都可能隐含"微言大义"，于是被经学家高度重视。《史记·六国年表》以周平王东迁（前770）至周敬王四十四年（前476）为春秋时期，《春秋》是鲁国国史，却起于鲁隐公元年（前722），止于鲁哀公十四年（前481）。鲁隐公之前执政的是鲁惠公，惠公在周平王东迁之后的第二年即位，可《春

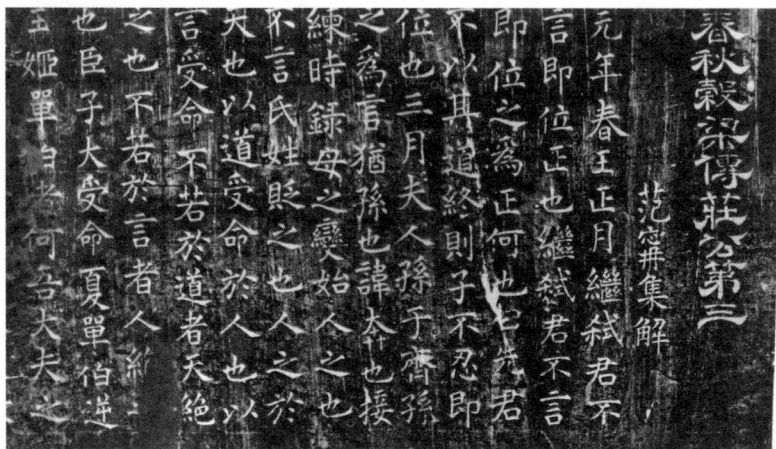

唐开成石经《春秋穀梁传》

秋》何以不从惠公开始，却偏偏从隐公开始，这是治《春秋》的第一难题，历来学者纠结争论不休（《公羊传·哀公十四年》率先提出"《春秋》何以始乎隐"之问，然后解释说："祖之所逮闻也。"）。

沈括对《春秋》一书开始于鲁隐公也表示疑惑，他注意到《春秋集传纂例》（唐代陆淳整理阐释其师啖助、其友赵匡之说而成书）在隐公元年下有八字注释："惠公二年，平王东迁。"意思是鲁惠公即位在周平王东迁以前，所以沈括认为"若尔，则《春秋》自合始隐，更无可论"。因为《春秋集传纂例》主要代表啖助、赵匡的主张，沈括也疑惑其信息来源，为何与《史记》不符。后来他又读到石端所编一本纪年书，也说平王东迁之事发生在鲁惠公二年，因请教石君文献出处，据称见于某一史传，查考则未得。沈括表示，《史记·六国年表》记东迁的时间在平王元年辛未岁，《周本纪》中却没有提及，《诸侯世家》却说东迁时间在庚午岁，其间有一年差错，确实不知当以哪种说法为准（《梦溪笔谈·艺文一》）。

需要说明的是，纪年问题兹事体大，沈括以晚出唐代文献证明早期事件，可信度不足；而且，啖助并不如沈括所言"不解始隐之义"，在《春秋集传纂例·春秋宗指议》中有"《春秋》始于隐公何也"之问，和"始于隐公者，以为幽厉虽衰，雅未为风，平王之初，人习余化，苟有过恶，当以王法正之"云云之回答。这可能是沈括考虑不周，所以后世也有批评意见，如王应麟《困学纪闻》引吴仁杰《盐石新论》谓"惠公二（三）年平王东迁"的说法可能出自何休《公羊音训》，属何休一时记录之误，应该是"平王东迁三年，惠公立"。

儒家伦理的核心在于尊卑秩序，具体表现即为礼乐文化，沈括对此也有深入研究，他在熙宁二年（1069）曾奉命参与考订郊礼沿革，并撰《南郊式》（包伟民，《沈括事迹献疑六则》）。《宋史·沈括传》云：

> 故事，三岁郊丘之制，有司按籍而行，藏其副，吏沿以干

陕西西安的隋唐圜丘遗址

圜丘，俗称天坛，因古人认为天圆地方，所以天坛建成圆形丘状。

利。坛下张幔，距城数里为园囿，植采木、刻鸟兽绵络其间。将事之夕，法驾临观，御端门、陈仗卫以阅严警，游幸登赏，类非斋祠所宜。乘舆一器，而百工侍役者六七十辈。括考礼沿革，为书曰《南郊式》。即诏令点检事务，执新式从事，所省万计，神宗称善。

郊祀是由天子主持的国家祭祀，以南郊圜丘祭天为大典，宋代基本上按照皇帝"三岁一亲郊"来执行。宋神宗觉得现行

的祭祀仪轨过于铺张且不合礼制，乃令沈括等修订，并对完成
的《南郊式》非常满意，下诏"将来南郊，除祇奉天地宗庙依
典礼外，其余供应乘舆服御等事件，务从简约。应不须雅饬之
物，不得妄有申举，枉有劳费"（《宋会要辑稿·礼》）。沈括应该
也很以此事为得意，《梦溪笔谈》首篇即谈郊祀之典：

上亲郊，郊庙册文皆曰"恭荐岁事"。先景灵官，谓之
"朝献"；次太庙，谓之"朝飨"；末乃有事于南郊。余集《郊
式》时，曾预讨论，常疑其次序。若先为尊，则郊不应在庙
后；若后为尊，则景灵官不应在太庙之先。求其所从来，盖有
所因。按唐故事，凡有事于上帝，则百神皆预，遣使祭告，唯
太清宫、太庙则皇帝亲行。其册祝皆曰："取某月某日有事于
某所，不敢不告。"宫、庙谓之"奏告"，余皆谓之"祭告"。
唯有事于南郊，方为正祠。至天宝九载，乃下诏曰："'告'
者，上告下之词。今后太清宫宜称'朝献'，太庙称'朝飨'。"
自此遂失"奏告"之名，册文皆为正祠。（《梦溪笔谈·故事一》）

此条涉及皇帝郊祀的次序，先至景灵官和太庙祭告，然后
南郊行祭天大礼。沈括考索这一次序的由来，以及册文用"朝

献""朝飨"代替"奏告"的缘由，后来治礼的学者，皆视此为重要文献，如秦蕙田《五礼通考》专门说："《笔谈》此条，可补正史之阙。"

在儒家文化体系中，最能彰显等级关系的是丧服，反映亲属等级的"五服"，即从丧礼制度而来。沈括曾撰《丧服后传》，熙宁年间又参与修订《五服敕》（即《五服年月敕》，是北宋通行的关于五服制度的重要敕令，曾多次修订）的讨论，《梦溪笔谈》中有一条专门涉及此问题：

> 《礼》所谓"以五为九"者，谓旁亲之杀也。上杀、下杀至于九，旁杀至于四，而皆谓之族族昆弟父母、族祖父母、族曾祖父母，过此则非其族也，非其族则为之无服。（《梦溪笔谈·辨证一》）

这是沈括对《礼记·丧服小记》所言"亲亲以三为五，以五为九，上杀、下杀、旁杀，而亲毕矣"的阐释。根据郑玄注："己上亲父，下亲子，三也。以父亲祖，以子亲孙，五也。以祖亲高祖，以孙亲玄孙，九也。杀，谓亲益疏者服之则轻。"

所言"杀",是指在丧服中依亲等而降低减杀的意思,以自己为原点,往上推为"上杀",向下算是"下杀"。自己往上是父亲,往下是儿子,共三代,此即"三";再往上推及自己的祖父,往下到自己的孙子,共五代,此即"五";如果再上推到自己的曾祖、高祖,往下到自己的曾孙、玄孙,共九代,此即"九"。直系血亲上下九代,旁系只到四代,丧服也依亲疏减杀,故言"旁杀"。旁杀只推及四世,即自己的兄弟、与自己同祖父的兄弟、与自己同曾祖父的兄弟、与自己同高祖父的兄弟。超过此范围,就不算为亲族,不必服丧。

解释完经典以后,沈括又补充说:"唯正统不以族名,则是无绝道也。"意思是皇室的宗亲不必拘泥于此,以确保宗嗣绵延不绝。这句话的背景是,神宗熙宁年间礼院奏请为已经绝后的宗室立嗣,以延续香火,但操作不完全符合礼制,需要理论支持,包括王安石在内的许多大臣都发表了意见。从沈括的话来看,他主张坚守原典,另以"正统不以族名"为理由来从权处理,可算是行政工作中"原则性与灵活性相结合"的典范了。

冕服是礼文化的重要部分,既有承续不变的传统,也有因时而异的风尚，史书有《舆服志》记录沿革，笔记所载虽然零星，胜在生动，比如此条：

> 近岁京师士人朝服乘马，以黲衣蒙之，谓之"凉衫"，亦古之遗法也，《仪礼》"朝服加景"是也。但不知古人制度章色如何耳。（《梦溪笔谈·故事二》）

朝服是礼服，类似今天所言"正装"，沈括说当时流行在朝服外面套穿一件浅黑色布料做的凉衫，看似时尚，其渊源可以追溯到《仪礼》"妇乘以几，姆加景"的"景"（根据郑玄注释"景之制，盖如明衣，加之以为行道御尘，令衣鲜明也"，约略相当于罩衫）。朝服外加罩凉衫的风气开始于北宋庆历年间，一直流行到南宋孝宗时，直到有大臣谏言凉衫的形制颜色太接近丧服，才逐渐废弃。

宋代服饰给人印象最深的当属两边有长长"翅膀"的乌纱帽，这其实是"幞头"的变形，沈括也记其沿革：

> 幞头一谓之"四脚"，乃四带也。二带系脑后垂之，二带

宋太祖坐像

台北故宫博物院藏

反系头上，令曲折附顶，故亦谓之"折上巾"。唐制，唯人主得用硬脚。晚唐方镇擅命，始僭用硬脚。本朝幞头有直脚、局脚、交脚、朝天、顺风，凡五等，唯直脚贵贱通服之。（《梦溪笔谈·故事一》）

幞头是包裹头部的纱罗软巾，一共四根带子，故称"四脚"，两条将头发拢紧约束，脑后打结，自然垂下，另外两条反折过来系在头顶。根据《宋史·舆服志》，宋代开始用藤草结织为里，其外覆以纱，再刷漆定型，巾脚则衬以铁，向两边支棱，这就是沈括说的"直脚幞头"。传说这种形制是宋太祖为了杜绝大臣在朝会上交头接耳而发明的，从《梦溪笔谈》此条言"直脚贵贱通服之"（《宋史·舆服志》也说"君臣通服平脚"），意即皇帝与臣下皆服此，可见传闻不实。

华夏衣冠并非一成不变，赵武灵王"胡服骑射"就是发生在战国时期的重大改革，秦汉以后，变化自然也没有停止。宋朝因为与北方少数民族政权长期处于对峙状态，多次禁止胡服，如庆历八年"诏禁士庶效契丹服及乘骑鞍辔"，政和七年"诏敢为契丹服若毡笠、钓墩之类者，以违御笔论"（《宋史·舆服志》)，大观四年诏“京城内近日有衣装杂以外裔形制之人，以戴毡笠子、着战袍、系番束带之类，开封府宜严行禁止”(《能改斋漫录》)。因为服饰体现“夷夏之防”，所以士大夫也从意识形态的高度对此习俗加以声讨，袁说友《论衣冠服制奏》乃有极端言论说：“臣窃见今来都下一切衣冠服制，习为虏俗，官民士庶，浸相效习，恬不知耻。事属甚微，而人心所向，风化所本，岂可不治。乌有堂堂天朝，方怀仇未报，恨不寝皮食肉，而乃使犬戎腥膻之俗，以乱吾中国之耳目哉。”(《历代名臣奏议》)与这些情况相反，沈括则客观指出胡化元素一直存在于隋唐至宋代的公服中：

中国衣冠，自北齐以来，乃全用胡服。窄袖绯绿、短衣、长靿靴（长筒靴）、有蹀躞带（用以悬挂各种物件的腰带），皆胡服也。窄袖利于驰射，短衣、长靿，皆便于涉草。胡人乐茂草，常寝处其间，余使北时皆见之。虽王庭亦在深荐中。余至胡庭日，新雨过，涉草，衣裤皆濡，唯胡人都无所沾。带衣所垂蹀躞，盖欲佩带弓剑、帉帨、算囊、刀砺之类。自后虽去蹀躞，而犹存其环，环所以衔蹀躞，如马之鞦根，即今之带銙也。天子必以十三环为节，唐武德、正观（即“贞观”，避宋仁宗赵祯讳改为“正”）

时犹尔。开元之后，虽仍旧俗，而稍褒博矣，然带钩尚穿带本为孔。本朝加顺折，茂人文也。（《梦溪笔谈·故事一》）

（南宋）朱熹尺牍册墨画朱子像

台北故宫博物院藏

沈括说"全用胡服"稍嫌夸张，但窄袖、短衣、长勒靴及蹀躞带确实是北方游牧民族的服饰习惯，而且沈括以当年自己出使辽国的亲身感受，证明这些装扮元素的便利之处，间接为胡服张目。

南宋朱熹非常认可《梦溪笔谈》，对沈括也多有表扬之词，《朱子语类》中有一段关于古今服饰变化的意见，谈论史实与沈括基本相同（朱子言"今世之服，大抵皆胡服"，或许就根据《梦溪笔谈》"中国衣冠，自北齐以来，乃全用胡服"而来），而应对主张则与沈括的包容态度不同，在此录之以供对比：

后世礼服固未能猝复先王之旧，且得华夷稍有辨别，犹得。今世之服，大抵皆胡服，如上领衫、靴鞋之类，先王冠服扫地尽矣。中国衣冠之乱，自晋五胡，后来遂相承袭。唐接隋，隋接周，周接元魏，大抵皆胡服。

2　典章制度

典章制度是古代国家行政架构及运行原则的规范（礼仪也属于典章制度范畴，内容已见前篇），具体内容载于正史和《通典》《通志》《文献通考》等专书。笔记类著作通常以作者亲身见闻为主，看似零星琐碎的文字，可能隐含史书失载的细节或被涂改的真相，通常具有很高的参考价值。

宋"杜陵左将军司马光印"铜印

南京博物院藏

《梦溪笔谈》开宗明义言

"圣谟国政及事近宫省，皆不敢私纪"，故对朝廷大政几乎无所议论，即便如此，作者亲历元丰官制改革和王安石变法，书中一鳞半爪的记录，都非常可贵。比如官印制度，《宋史·舆服志》只说："中兴（指建炎南渡在江南建立南宋政权）仍旧制，惟三省、枢密院用银印，六部以下用铜印，诸路监司、州县亦如之。"句中的"旧制"如何，史书含混其词，对照沈括的记载："旧制，中书、枢密院、三司使印并涂金。近制，三省、枢密院印用银为之，涂金，余皆铸铜而已。"（《梦溪笔谈·故事一》）便能了解，南宋官印其实是沿用熙宁改革以后的"近制"。此虽小事，而正如沈括自己所言："百官仪范，著令之外，诸家所记，尚有遗者，虽至猥细，亦一时仪物也。"（《梦溪笔谈·故事二》）

又如"功臣"一词，本意就是有功之臣，唐德宗建中四年（783）解决奉天兵变以后，勤王将士皆赐号"奉天元从定难功臣"，从此"功臣"便成为一种称号，专门颁赐给有军功者。宋朝沿用，将相"凡宣制而授者，多赐焉"，比如富弼（1004—1083）拜相时赐"推忠协谋佐理功臣"。至神宗元丰元年十一月因宰相吴充（1021—1080）上言，功臣称号起于唐德宗多难之际，方今盛世，不应该继续沿用，于是废止。这段史料见于正

（北宋）佚名《景德四图》之"太清观书"

故宫博物院藏。图中真宗召文臣观书于太清楼。太清楼是皇宫后苑最主要的藏书之所，图书来源主要是抄录三馆所藏之书。

史，沈括的笔记则补全了来龙去脉。早在熙宁元年（1068），群臣请求给皇帝上"奉元宪道文武仁孝"尊号，神宗皇帝坚持不允，并指示说："徽号正如卿等'功臣'，何补名实？"所以才有后来吴充等体会上意，请罢功臣的举动（《梦溪笔谈·故事二》）。

沈括举进士以后，治平二年（1065）入京负责编校昭文馆书籍，所以《梦溪笔谈》多条谈到宋代官方藏书制度，皆有史料价值。宋代昭文馆即唐代弘文馆（宋代避太祖之父赵弘殷讳改字），与集贤院、史馆为三馆，掌管藏书、校书与修史，崇文院为三馆藏书处，又建秘阁贮存善本。文人爱书，不免见猎心喜，加上有"窃书不算偷"的道德加持，崇文院的图书流失严重，嘉祐年间乃设专职人员用黄纸大册抄写，从此私家不敢盗藏。沈括说，遗憾"校雠累年，仅能终昭文一馆之书"（《梦溪笔谈·故事一》）。

昭文馆以抄校书籍为主要职责，遇讹误更改，使用的文具也有特别的讲究，沈括说：

馆阁新书净本有误书处，以雌黄涂之。尝校改字之法，刮洗则伤纸，纸贴之又易脱，粉涂则字不没，涂数遍方能漫灭。唯雌黄一漫则灭，仍久而不脱。古人谓之铅黄，盖用之有素矣。（《梦溪笔谈·故事一》）

《补遗雷公炮制便览》雌黄图

雌黄用来修改涂乙，很类似今天的涂改液，魏晋时已经

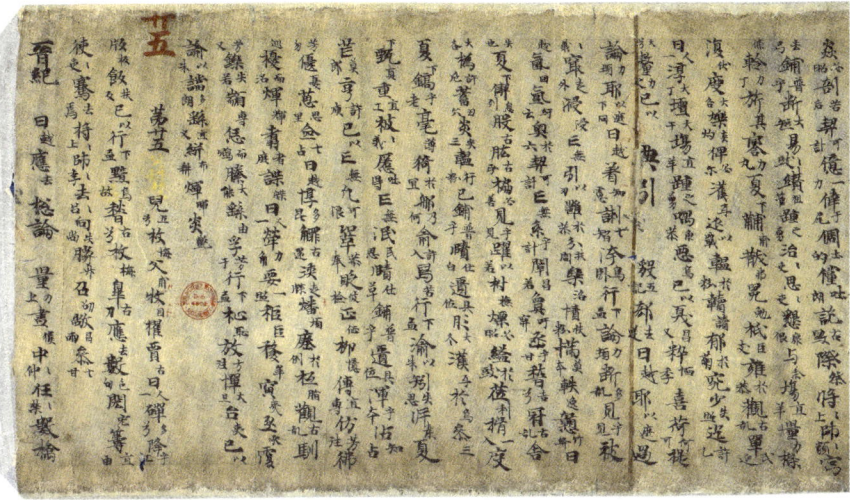

有雌黄改字的《文选》书影

使用，《齐民要术》中记载有调配方法，成语"信口雌黄"即因此而来。《晋阳秋》说王衍（256—311）才思敏捷，随口成章，偶然口误，甚至听者还没有察觉，自己已经用言语挽回，一时号为"口中雌黄"。这本来是赞誉之词，后世则转成贬义，指罔顾事实，随口乱说。

校书非易，沈括记前辈学者宋绶（991—1041）的名言："校书如扫尘，一面扫，一面生。故有一书每三四校，犹有脱谬。"（《梦溪笔谈·杂志二》）后人常说的"校书如扫落叶，一面扫一面生"，即语源于此。藏书家自然以校雠为乐，馆中专职校书人却目为苦差事，于是发明一套上班磨洋工的办法，沈括说："旧校书官多不恤职事，但取旧书，以墨漫一字，复注旧字于其侧，以为日课。"直到嘉祐四年（1059）崇文院设编校局，官方才想到应对"摸鱼"的策略，要求校书人遇错字只能用朱笔圈出，不得涂抹，且在卷末题写上校书官的姓名，以示责任（《梦溪笔谈·官政一》）。

虽然是细枝末节的小事，也体现出管理策略。制度在运行过程中，漏洞在所难免，如何兴利除弊，确实考验治理者的水平。古代"官吏"虽然并列成词，其实"官"与"吏"属于两个系统，官是官员，由政府任命、派遣，吏是胥吏，属于由行政机关或者官员自己招聘的办事人员。对专业要求高的行政部门，很可能被所谓"能吏"把持，乃至流传"任你官清似水，难逃吏滑如油"的俗语。据沈括记录，当时要求大理寺法官亲自断案，不得委派给属吏代劳，中书省检正官则完全不设属吏，每房只派一名誊写员清抄文书，这样安排的目的，一则锻炼官员的办事能力，再则就是防止属吏擅权耍奸（《梦溪笔谈·故事二》）。

究其原因，吏没有编制，也就没有薪俸，一直依靠"灰色收入"，由此成为弊端。在王安石的积极倡导下，熙宁三年实行重禄法，以"尽禄天下之吏"，专门提到"增禄不厚，不可责其廉谨"，通过支给俸禄，将吏纳入政府的监督管理体系。
沈括亦记录此事：

　　天下吏人，素无常禄，唯以受赇为生，往往致富者。熙
宁三年，始制天下吏禄，而设重法以绝请托之弊。是岁，京师
诸司岁支吏禄钱三千八百三十四贯二百五十四。岁岁增广，至
熙宁八年，岁支三十七万一千五百三十三贯一百七十八。自后
增损不常皆不过此数，京师旧有禄者，及天下吏禄，皆不预此
数。（《梦溪笔谈·官政二》）

　　低层官员也是增俸养廉政策的受益者，沈括通过几则笑话
来状写当时的情景。有一则说一位达官初出道作县尉时，有举
人（唐宋的举人与明清乡试中举不同，凡被地方推举赴京参加科举考
试者即称"举人"）写信求救济，奈何当时县尉的月薪尚不足六
贯（据王栐《燕翼诒谋录》记载，宋初县尉的月薪还要低，只有三贯
五百七十，且其中三分之二折成茶、盐、酒给付），实在无力资助，
于是作诗代答："五贯九百五十俸，省钱请作足钱用（省钱即
零钱，因为薪水有余数九百五十故云）。妻儿尚未厌糟糠，僮仆岂
免遭饥冻。赎典赎解不曾休，吃酒吃肉何曾梦。为报江南痴秀

才，更来谒索觅甚瓮。"

武官也是如此，三班奉职为从九品的低级武官，月俸只有七百文，驿站每天仅供应半斤羊肉，真宗大中祥符年间有武人在驿站题壁云："三班奉职实堪悲，卑贱孤寒即可知。七百料钱何日富，半斤羊肉几时肥。"打油诗传到朝廷，主事者也感叹"如此何以责廉隅"，遂成为后来调整薪资的缘起（《梦溪笔谈·讥谑》）。

高薪能否养廉一直是争议话题，沈括对此持积极态度，表扬说："熙宁中，例增选人俸钱，不复有五贯九百俸者，此实养廉隅之本也。"可以注意的是，《梦溪笔谈》作于元祐年间，当时高太后垂帘，司马光执政，革除熙宁新法，即所谓"元祐更化"，表扬新法不合时宜，故书中多数涉及变法的条目，都只言事实，一般不提到王安石的名字。

沈括在熙宁九年（1076）曾权三司使，三司使统领盐铁、度支和户部，总管全国财赋，是国家级别的CFO（首席财务官），位高权重，所以又称"计相"。在三司使任上，沈括上《盐蠹四说》，提出改革盐政的主张，《梦溪笔谈》涉及盐的条目甚多，一定程度上与此有关。沈括说：

> 盐之品至多，前史所载，夷狄间自有十余种，中国所出亦不减数十种。今公私通行者四种：一者"末盐"，海盐也，河北、京东、淮南、两浙、江南东西、荆湖南北、福建、广南东西十一路食之；其次"颗盐"，解州盐泽及晋、绛、潞、泽所出，京畿、南京、京西、陕西、河东、襄、剑等处食之；又次"井盐"，凿井取之，益、梓、利、夔四路食之；又次"崖盐"，生于土崖之间，阶、成、凤等州食之。唯陕西路颗盐有定课，岁为钱二百三十万缗，自余盈虚不常，大约岁入二千余万缗。唯末盐岁自抄三百万，供河北边籴，其他皆给本处经费而已。缘边籴买仰给于度支者，河北则海末盐，河东、陕西则颗盐及蜀茶为多。运盐之法，凡行百里，陆运斤四钱，船运斤一钱，以此为率。(《梦溪笔谈·官政一》)

盐属天然资源，又是维系生命活动所必需，生产销售很早以来就由政府垄断（宋代将这种垄断专卖称为"禁榷"），成为国家财政收入的重要来源。食盐按照来源和提取制作方法可分为海盐、湖盐、井盐、岩盐诸类，其成分都是氯化钠，宋代这四类盐主要按出产地划分销售区域。海盐为取海水日晒浓缩后煎炼纯化而得，供应沿海岸线（渤海、黄海、东海、北海）的州路，并深入到今湖南、湖北、江西的部分地区，最为大宗，诚如《天工开物》所谓"赤县之内，海卤居十之八"；湖盐出自内陆盐湖，由高浓度盐卤结晶而成，故称为"颗盐"，著名产地为河东盐池（即沈括所言"解州盐泽"，在今山西运城一带），供应山西、河南、陕西，以及今川陕交界的少数地区，《本草图经》即称食盐"以河东者为胜"，尤其是"解州、安邑两池所种盐最为精好"；井盐出在四川盆地，乃由开凿深达数千米的盐井，汲取盐卤，浓缩熬炼而成，供应巴蜀地区，沈括还专门记陵州（今四川仁寿、井研一带）盐井整修施工中的巧妙操作（《梦溪笔谈·权智》）；岩盐为食盐矿石，即《本草图经》所说"阶州出一种石盐，生山石中，不由煎炼，自然成盐，色甚明莹，彼人甚贵之，云即光明盐也"，产量不大，仅供应甘陕部分地区。

以上四类盐，唯有陕西路颗盐有每年二百三十万贯的定额税收，改革即由此下手。沈括回顾陕西榷盐制度的沿革说：

陕西颗盐，旧法官自般（同"搬"）运，置务拘卖。兵部

《本草图经》海盐图

《本草图经》解盐图

员外郎范祥始为钞法，令商人就边郡入钱四贯八百售一钞，至解池请盐二百斤，任其私卖，得钱以实塞下，省数十郡般运之劳。异日辇车牛驴以盐役死者，岁以万计，冒禁抵罪者，不可胜数，至此悉免。行之既久，盐价时有低昂，又于京师置都盐院，陕西转运司自遣官主之。京师食盐，斤不足三十五钱，则敛而不发，以长盐价；过四十，则大发库盐，以压商利。使盐价有常，而钞法有定数，行之数十年，至今以为利也。（《梦溪笔谈·官政一》）

陕西最初由政府垄断食盐生产、运输、销售全过程，因为与盐池距离遥远，不仅运输成本高昂，违法私贩（《水浒传》梁山英雄童威、童猛兄弟即私盐贩子出身）也屡禁不绝。庆历年间范祥（？—1060，曾担任提举陕西缘边青白盐、制置解盐使）奉命调研盐政，提出"盐钞法"，让商人参与食盐交易。盐商在本地交钱换取盐钞，每钞售价四贯八百钱，凭此到解州盐场领取颗盐 200 斤，随意销售；政府用此款充实边防，同时也省却运输成本。为了稳定盐价，朝廷在京师设都盐院，如果盐价偏低，就减少出盐量以抬价，反之亦然。盐钞法在当时确实行之有效，包拯表扬说："祥通陕西盐法，行之十年，岁减榷货务使缗钱数百万，其劳可录。"（《宋史·范祥传》）而沈括说此法"使盐价有常，而钞法有定数，行之数十年，至今以为利也"，其实暗含玄机。

盐钞法实行到神宗时，朝廷开支增大，滥发盐钞成为创收手段之一，一度印发盐钞九十万二千七百一十六席（"席"为宋代颗盐的计量单位），而民间年消耗仅四十二万八千六百一席（《续资治通鉴长编》），虚钞过半数，供求平衡关系打破，盐钞自然贬值。不仅如此，因为食盐贸易本身的暴利，部分地区恢复颗盐官卖，严厉打击私贩，强迫老百姓购买高价官盐。由此陷入盐钞收入下降，私盐贩子增多的窘境，到沈括权三司使时，原价每席六贯的盐钞，贬值到两贯许，已经到"陕西盐利亡其大半"（《续资治通鉴长编》引沈括《自志》）的地步。

因为涉及边防安全，神宗诏陕西东路转运使皮公弼入京与三司一起讨论。公弼竭力陈述官卖的种种不合理，沈括内心也认同于此，但拗不过恢复颗盐官卖是王安石的主张，遂违心地报告说"通商岁失官卖缗钱二十余万"，直到王安石罢相，才上《盐蠹四说》，支持进一步完善实施盐钞法（《宋史·食货志》），最终朝廷取消部分州路的食盐官卖。

司马光拜左仆射告身
台北故宫博物院藏

不仅史书(《宋史》《续资治通鉴长编》)记载如此,司马光对此事件有一段私人记录,沈括依然被塑造成丑角:

(熙宁)九年,有殿中丞张景温建议,请榷河中、陕、解、同、华五州,官自卖盐,增重其价;民不肯买,乃课民日买官盐,随其贫富、作业为多少之差;有买卖私盐,听人告讦,重给赏钱,以犯人家财充;买官盐食之不尽,留经宿者同私盐法。于是民间骚怨。盐折钞,旧法每席六缗,至是才直二缗有余,商不入粟,边储失备。朝廷疑之,乃召陕西东路转运使皮公弼入议其事,公弼极陈其不便。有旨令与三司议之,三司使沈括以向附介甫意,言景温法可行,今不可改,不敢尽言其非。虽不能夺公弼,而更为别札称,据景温申,官卖盐岁获利二十余万缗,今通商则失此利。再取旨,上复令与

公弼议之。公弼条陈实无此利。于是罢开封、河中等州，益、利等路卖盐，独曹、濮等数州行景温之法。(《涑水记闻》)

沈括退居梦溪时，肯定知晓这些不利于他的舆论，可是也无力辩白，涉及自己亲自参与的盐法论争，只好略过不提。而在另一条谈河北盐务时，委婉表明自己一贯支持民间自由交易的态度，沈括说：

河北盐法，太祖皇帝尝降墨敕，听民间贾贩，唯收税钱，不许官榷。其后有司屡请闭固，仁宗皇帝又有批诏云："朕终不使河北百姓常食贵盐。"献议者悉罢遣之。河北父老，皆掌中掬灰，藉火焚香，望阙欢呼称谢。熙宁中，复有献谋者。余时在三司，求访两朝墨敕不获，然人人能诵其言，议亦竟寝。(《梦溪笔谈·官政一》)

3　边疆军务

五代后周显德七年（960）陈桥驿兵变，赵匡胤（宋太祖）

（后唐）李赞华《东丹王出行图》

图中六人七骑，"胡风"甚浓，最后一位即东丹王李赞华（耶律倍）。

黄袍加身，建立宋国，开始一统天下的征战，终于在赵光义（宋太宗）太平兴国四年（979）灭北汉而基本告成。因为太祖、太宗一直秉承宰相赵普"先南后北、先易后难"的战略，当年被后晋国主石敬瑭割让的幽云十六州还落在契丹手中，而党项李继迁及其后代依托河西走廊建立的西夏国也未曾"归附"，因此，北宋与辽、西夏事实上处于三国鼎足状态（北宋晚期则有女真部落建立的金国，相继灭掉辽国和北宋），只是站在宋的立场，辽与西夏属于"外患"。沈括在任时曾参与对辽和西夏的军事外交活动，熟悉边务，晚年著作《梦溪笔谈》，无论亲身经历，还是故旧传闻，自然都是如数家珍。

　　辽的前身是契丹，北魏以来与中原政权若即若离，至五代时，可汗耶律德光（辽太宗）改国号"大辽"，不久率大军南下，先后灭后唐、后晋，于天福十二年（947）占领汴京（开封），登基称帝，年号"大同"。因为根基未稳，遂仓促北返，耶律德光在撤兵途中病逝于栾城（今河北栾城）。北宋立国之初，立志收复辽占的燕蓟地区，但多次北伐都以失败告终。至宋真宗景德元年（1004），经过再一次激烈战斗之后，订下澶渊之盟，宋国每年送给辽国银、绢若干，并约为兄弟之邦，从此以后，两国之间聘使不断。

　　许多北宋名臣如包拯、富弼、欧阳修、苏颂、王安石、刘敞、苏辙等都有出使辽国的经历，沈括也是其中之一。除衔外交使命以外，辽国之行也能够饱览塞外风光、考察山川地貌、研究风土人情，苏颂有一首《契丹帐》诗说："行营到处即为家，一卓穹庐数乘车。千里山川无土著，四时畋猎是生涯。酪浆膻肉夸希品，貂锦羊裘擅物华。种类益繁人自足，天教安逸在幽遐。"可堪为辽人游牧生活的写照。

沈括于熙宁八年（1075）出使辽国，曾撰《使契丹图抄》，这是正式的著作，《梦溪笔谈》中还有与辽国有关的零星见闻。

"蓟"是古地名，秦代渔阳郡有蓟县，唐代置蓟州，辽占有其地，正是幽云十六州之一，约今天津蓟州区一带。沈括记录旅辽所见："余使虏至古契丹界，大蓟茇如车盖，中国无此大者，其地名蓟，恐其因此也。如杨州宜杨、荆州宜荆之类。"（《梦溪笔谈·杂志二》）蓟是菊科植物大蓟、小蓟一类，本草书也说"蓟门以蓟为名，北方者胜也"（《本草拾遗》），正与沈括的看法相同。

当年耶律德光在栾城病逝，大热天为了运送遗体，"国人剖其腹，实盐数斗，载之北去，晋人谓之帝羓"（《资治通鉴》）。把国主的尸首做成腊肉，自然与汉人"入土为安"的观念相悖，沈括也提到契丹此类特殊的葬俗，乃至成为宋朝使辽大臣的"心病"：

辽代彩棺

内蒙古文物考古研究所藏

　　天圣中，侍御史知杂事章频使辽，死于虏中。虏中无棺椁，舁至范阳方就殓。自后辽人常造数漆棺，以银饰之，每有使人入境，则载以随行，至今为例。（《梦溪笔谈·杂志二》）

　　晚近考古发现，有相当一部分契丹墓葬中未见葬具，尸骨直接放置于尸台之上，也有部分墓葬使用木质小帐、木棺或石棺等葬具。既可以看出沈括所说"虏中无棺椁"为事实，也说明受中原文化影响，辽人葬俗发生改变。

　　黑山崇拜是契丹的原始信仰之一，沈括曾经过其地，并作简单考察，除在《使契丹图抄》有记录外，《梦溪笔谈》也说："契丹坟墓皆在山之东南麓，近西有远祖射龙庙，在山之上，有龙舌藏于庙中，其形如剑。"对照《辽史·礼志》说天子以冬至日祭拜黑山，并言"黑山在境北，俗谓国人魂魄，其神司之，犹中国之岱宗云"，完全吻合。结合沈括的记载，大致可以判断黑山是今内蒙古巴林右旗北部的山脉。

澶渊之盟以后，宋辽关系已经比较缓和，两国间主要通过榷场（政府在边境指定地点设立的货物交易场所，随两国关系的好恶时开时闭）交易，战略物资自然严加管控，有意思的是，两国都将文化视为"核心机密"而禁止出口。宋朝反复申令"民以书籍赴缘边榷场博易者，自非九经书疏，悉禁之"（《宋会要辑稿·蕃夷》），意思是除了儒家正经，其他书籍一概不得流传外邦；辽国也有反制政策，规定片纸只字不得携带出境，以至于辽人著作后世流传不广，辽僧行均所撰《龙龛手镜》即侥幸存世的一部语言学文献。《梦溪笔谈》恰好记录了此书在中原的流传经过：

幽州僧行均集佛书中字为切韵训诂，凡十六万字，分四卷，号《龙龛手镜》，燕僧智光为之序，甚有词辩，契丹重熙二年集。契丹书禁甚严，传入中国者法皆死。熙宁中，有人自

龍龕手鑑平聲卷第一 　釋行均字學廣濟集

金 第一　人 第二　言 第三　心 第四　山 第五

車 第六　長 第七　門 第八　刀 第九　衣 第十

示 第十一　牛 第十二　卅 第十三　文 第十四　支 第十五

皮 第十六　方 第十七　風 第十八　八 第十九　弓 第二十

舟 第廿一　毛 第廿二　斤 第廿三　巾 第廿四　矢 第廿五

矛 第廿六　禾 第廿七　戈 第廿八　隹 第廿九　田 第三十

户 第卅一　羊 第卅二　身 第卅三　尸 第卅四　殳 第卅五

戈 第卅六　韋 第卅七　音 第卅八　角 第卅九　多 第四十

尤 第卌一　光 第卌二　香 第卌三　殳 第卌四　　第卌五

（遼）釋行均《龍龕手鏡》內頁圖

宋高宗時期浙江刊本

房中得之，入傅钦之家。蒲传正帅浙西，取以镂版。其序末旧云"重熙二年五月序"，蒲公削去之。观其字音韵次序，皆有理法，后世殆不以其为燕人也。（《梦溪笔谈·艺文二》）

相对于宋辽关系的缓和，宋与西夏间的敌对态势则明显加剧。就沈括个人而言，元丰五年（1082）西夏战事败绩，是他黯然退出政坛的重要原因，所以《梦溪笔谈》记叙辽国的情形，尚多美谈佳话，比如提到庆历年间王拱辰（字君贶）出使辽国，辽兴宗安排酒宴，席间兴宗感叹："南北修好岁久，

西夏铁剑

宁夏博物馆藏。党项族崇尚习武，十分重视兵器的制造。

西夏敕牌

中国国家博物馆藏

恨不得亲见南朝皇帝兄（宋仁宗），托卿为传一杯酒到南朝。"（《梦溪笔谈·杂志二》）而涉及西夏事，几乎都是敌视和厌恶的口吻。

党项是西夏的前身，本西羌之一支，史书也称为"党项羌"，汉代以来内徙到河陇及关中一带，隋唐时一度降附中原政权，五代又陷入割据状态，至北宋明道元年（1032）元昊继承夏国王位，并于夏大庆三年宋景祐五年（1038）在兴庆府（今宁夏银川）即位为皇帝，国号大夏，年号天授礼法延祚，史称"西夏"。从元昊开始，西夏一直周旋于宋辽之间，时战时和。至夏乾道元年（1068），元昊的孙子秉常以弱龄登基，乃由母亲恭肃章宪皇太后梁氏摄政，因为外戚掌权，出于国内政治的需要，连年向宋朝发动战争。《梦溪笔谈》对这一段历史有详细记载（为便于理解，部分历史背景随文注释）：

景祐中，党项首领赵德明（党项为拓跋氏，唐末赐姓李，宋代赐姓赵，故宋代文献皆称作赵德明，呼其子为赵元昊）卒，其子元昊嗣立，朝廷遣郎官杨告（据《续资治通鉴长编》，赵德明薨逝后，宋朝所遣使者为朱昌符，其后授元昊西平王的使者才是杨告，沈括将二事混淆为一）入蕃吊祭。告至其国中，元昊迁延遥立，屡促之，然后至前受诏。及拜起，顾其左右曰："先王大错，有国如此，而乃臣属于人。"既而飨告于厅，其东屋后若千百人锻声，告阴知其有异志，还朝，秘不敢言。未几，元昊果叛。其徒遇乞，先创造蕃书，独居一楼上，累年方成，至是献之（元昊即位后，令大臣野利仁荣、野利遇乞仿汉字创立十二卷"蕃书"，为党项族的语言文字，通行国中，后人称"西夏文"）。元昊乃改元，制衣冠、礼乐，下令国中，悉用蕃书、胡礼，自称大夏。朝廷兴师问罪，弥岁，虏之战士益少，而旧臣宿将如刚浪唛、遇（乞）野利辈，多以事诛，元昊力孤，复奉表称蕃。朝廷因赦之，许其自新，元昊乃更称兀卒曩霄（西夏与宋议和以后，元昊放弃皇帝称号，自呼为"兀卒"，即单于、可汗之意。"曩霄"是其名，亦作"曩霄"）。

……

先是，元昊后房生一子，曰宁令受（元昊第一任皇后野利氏生三子，次子即宁令受，亦作宁令哥，甚得宠爱，曾立为太子），"宁令"者，华言大王也。其后又纳没藏讹咙之妹（没藏讹咙的妹妹是野利遇乞的妻子，此前遇乞已被元昊所杀），生谅祚而爱之（谅祚是元昊与没藏氏私通时所生，此时由舅父没藏讹咙收养）。宁令受之母恚忌，欲除没臧氏，授戈于宁令受，使图之。宁令受间入元昊之室，卒与元昊遇，遂刺之，不殊而走。诸大佐没臧讹庞辈仆宁令，枭之。明日，元昊死，立谅祚，而舅讹庞相之（谅祚即位仅周岁，尊生母没臧氏为皇太后，母后摄政，舅父没臧讹庞为国相，总揽军政大权）。

有梁氏者，其先中国人，为讹庞子妇（按行辈来说，梁氏是谅祚的表嫂）。谅祚私焉，日视事于国，夜则从诸没臧氏。讹庞怼甚，谋伏甲梁氏之宫，须其入以杀之。梁氏私以告谅祚，乃使召讹庞，执于内室。没臧，强宗也，子弟族人在外者八十余人，悉诛之，夷其宗。以梁氏为妻（谅祚的皇后本是没臧讹庞的女儿，因为此事件被赐死，改迎梁氏为皇后，并生儿子秉常），又命其弟乞埋为家相，许其世袭。

谅祚凶忍，好为乱。治平中，遂举兵犯庆州大顺城（今甘肃华池西北）。谅祚乘骆马，张黄屋，自出督战。陴者彍弩射之中，乃解围去。创甚，驰入一佛祠，有牧牛儿不得出，惧伏佛座下，见其脱靴，血渍于踝，使人裹创舁载而去。至其国死。子秉常立（秉常登基时年仅八岁），而梁氏自主国事。梁乞埋死，其子移逋继之，谓之"没宁令"。"没宁令"者，华言天大王也。

秉常之世，执国政者有嵬名浪遇（当年元昊称帝，废弃唐宋
所赐的李、赵姓氏，改姓嵬名氏），元昊之弟也，最老于军事，以
不附诸梁，迁下治而死。存者三人，移遗以世袭居长契，次
曰都罗马尾，又次曰罔萌讹，略知书，私侍梁氏。移遗、萌讹
皆以昵倖进，唯马尾粗有战功，然皆庸才。秉常荒屏，梁氏自
主兵，不以属其子。秉常不得志，素慕中国。有李青者，本秦
人，亡虏中。秉常昵之，因说秉常以河南归朝廷（秉常成年亲
政以后，亲附中原制度，乃接受大将李青的建议，打算将黄河以南
土地划给宋朝，换取支持）。其谋泄，青为梁氏所诛，而秉常废。
（《梦溪笔谈·杂志二》）

沈括站在宋人立场叙事，对敌国宫闱秽乱之事自然是津
津乐道。书中还说到元丰年间（1078—1085），梁太后派兵围攻
保安军顺宁寨（今陕西志丹顺宁镇），守军寡不敌众，寻到一个
老鸨李氏，就着梁太后的各种淫乱之事竭尽辱骂之能，西夏兵
实在听不下去，竟连夜撤军。骂阵退敌不过是演义，真正的战
争依然是实力比拼，《梦溪笔谈》记有名将种世衡（985—1045）
与狄青（1008—1057）的事迹。

种世衡足智多谋，前面说元昊的重臣野利兄弟"多以事诛"，即出于种世衡的离间之计，沈括在《梦溪笔谈》中绘声绘色地讲述这一故事（《宋史》所记元昊诛野利兄弟的情节稍有不同，但都肯定种世衡的计谋）。

种世衡曾招募紫山寺僧人法崧为死士，通过苦肉计让法崧携若干军事机密往敌营找野利遇乞诈降。世衡并不奢求法崧被西夏人相信，而是在赠给法崧的锦袍内暗藏有一封自己与野利遇乞暗通款曲的书函，法崧却并不知情，因此当书信被发现后，虽受严刑拷打也说不出所以然，西夏方面却因此对野利遇乞产生怀疑，为其后来被杀埋下伏笔。

野利遇乞是元昊的谋士，驻守天都山，号为天都大王，因为素与元昊的乳母白姥有矛盾，某年除夕遇乞领兵巡边深入宋境，白姥乘机进谗言说遇乞有谋反的计划。种世衡掌握这一情况后，故意放风说野利遇乞已经被元昊杀害，亲自在边境祭奠，祭文中叙说除夕时与遇乞相见之欢，并焚烧纸钱、冥器等，以吸引西夏兵窥探。西夏人从烧剩的物品中发现有元昊赐给遇乞的宝刀，祭文虽然烧残，关键字句还在。这些通敌的证据都被报告给元昊，终于将遇乞"通敌"的证据坐实，遇乞遂被元昊处死。离间有功的僧人法嵩后来侥幸逃回汉地，还俗做官，人称"王和尚"。沈括评价说："平夏之功，世衡计谋居多，当时人未甚知之。"（《梦溪笔谈·权智》）又说："康定之后，世衡数出奇计。余在边，得于边人甚详，为新其庙像，录其事于篇。"（《补笔谈·权智》）

狄青以勇武见长，同时又不乏计谋。宋仁宗宝元年间（1038—1040）西夏犯边，当时新招募的万胜军，不习阵法，遇敌多败，而狄青的虎翼军则训练有素。有一次征战，狄青让虎翼军全部换成万胜军的旗号出战，西夏兵果然轻敌，被打得落花流水。又有一次在泾原（今甘肃平凉），敌众我寡，狄青筹算只能出奇制胜，于是命令放弃弓箭，改用短兵器作战。与将士约定，听到鸣钲（古代一种铜制的打击乐器，军队通常用来作号令）则停止进攻，

狄青像

南熏殿藏《历代武臣像册》

再一声钲鸣就假装退却，一旦钲声停止，立即大举反击，兵将都严格遵从狄青的部署。双方队伍还未接触，宋军就钲鸣停止，然后再鸣退却。西夏兵觉得所谓"狄天使"的队伍也不过如此，谁知正在轻敌之际，这边钲声停止，宋军忽然反攻，敌人措手不及，队形散乱，践踏而死者不知其数。(《梦溪笔谈·权智》)

沈括特别赞赏狄青用兵之稳慎，说其驻扎泾原期间，大胜西夏军，本来乘胜追击，忽见敌兵逃势减缓，众将都建议穷追，狄青反而鸣金收兵，令敌人得以逃脱。事后检验，原来是深涧所阻，故敌兵拥塞，众人懊悔，狄青却解释说："奔亡之虏，忽止而拒我，安知非谋？军已大胜，残寇不足利，得之无所加重；万一落其术中，存亡不可知。宁悔不击，不可悔不止。"狄青不仅转战西夏前线，还南征广西，夜袭昆仑关，平息侬智高叛乱，也同样是取胜则止，没有捕获侬智高，此举颇遭后人诟病。沈括则为狄青辩护说："青之用兵，主胜而已，不求奇功，故未尝大败，计功最多，卒为名将。譬如弈棋，已胜敌可止矣，然犹攻击不已，往往大败，此青之所戒也。临利而能戒，乃青之过人处也。"(《梦溪笔谈·权智》)这应该也是沈括的军事主张。

4 人物品藻

  《梦溪笔谈》中记录的人物大多与沈括同时或稍早，少数如章惇（1035—1106）、苏轼等，本书写作时还健在人世。按照作者凡牵涉"当日士大夫毁誉者，虽善亦不欲书，非止不言人恶而已"的著作宗旨，许多记录可能都有所收敛，但不管记言还是记行，往往缀有一两句暗含褒贬的评语，却是点睛之论，也是作者立场所在，不应该仅仅当成聊供谈资的名人八卦掌故。

  比如书中记狄青轶事，说狄青担任枢密使后，有唐代名相狄仁杰的后人送来家藏狄公画像和数十通告身（朝廷授官的文书，性质接近后世的委任状），意谓狄仁杰也是狄青的远祖，故请求收纳。狄青很有分寸，婉拒云："以我的遭际，哪里敢妄攀狄梁公啊。"狄青不乱认祖宗，更不居功托大，沈括很是赞赏，在故事之末加了一句评语："比之郭崇韬哭子仪之墓，青所得多矣。"（《梦溪笔谈·人事一》）郭崇韬是五代名将，也是行伍出身，被人吹捧为郭子仪后裔，于是得意忘形，后来出兵伐蜀，经过郭子仪墓，下马号恸而去，一时传为笑谈。沈括拈郭崇韬为比拟，意思是狄青虽同是武人，而较之得体多矣。

通观全书，沈括最推崇的政治人物当数范仲淹。今人对范仲淹的了解，可能只限于《岳阳楼记》中"先天下之忧而忧，后天下之乐而乐"一语，其实他是"上马杀敌，下马安邦治国平天下"的文武全才。在政治方面，当内忧外患之际，范仲淹启动庆历新政，开政治改革之新；在军事方面，范仲淹面对西夏大兵压境之势，指挥若

宋參知政事諡文正范公仲淹

文正當國
先憂後樂
立莊潤族
廔頑敦薄

范仲淹苏州石刻像

定，一举扭转颓势，令西夏人惊呼"小范老子腹中自有数万兵甲"，流传歌谣说"军中有一范，西贼闻之惊破胆"（《东都事略·范仲淹传》）。

　　《梦溪笔谈》中精选范仲淹的嘉言懿行甚多，特别有意思者三处。一是记范仲淹赞赏诸葛亮能够启用"度外人"（此处指与自己主张观念不完全一致，至少目前尚不属于自己小圈子的人），评价云："用人者莫不欲尽天下之才，常患近己之好恶而不自知也，能用度外人，然后能周大事。"（《梦溪笔谈·杂志二》）大致意思是说，人才选拔者的心思自然是网罗一切有用之才，但总会在不知不觉中偏向与自己好恶主张相同的人；只有放弃遴选中的偏执心态，方能成就大事。不妨与下文所记包拯轶事对读，正好说明个人的好恶倾向可能干扰判断，甚至被居心不良者利用。

　　故事说包公做京兆尹时，号称明察秋毫，有小民犯法，按律应该受脊杖之刑（受刑人以跪姿或坐姿被击打脊梁骨，轻则致残，重则致死），包拯手下的胥吏接受贿赂，说只要按计行事，保定可以减轻惩罚。当包拯询问案情以后，果然判决为杖脊若干，并交付胥吏执行。小民按照胥吏的教唆，喋喋分辩不止，胥吏乃大声斥责："老爷已经判罪，受完脊杖就老实滚将出去，公堂之上哪容你多嘴。"包拯觉得胥吏越权，于是迁怒，当堂责板子十七下，以示惩戒；又为了表示自己没有被胥吏"牵着鼻子走"，便减轻了对小民的处罚，改脊杖为普通杖责（比如臀杖，即"打屁股"之类）。沈括说，包公此举本意是"以抑吏势"，却"不知乃为所卖"，感叹"小人为奸，固难防也"（《梦溪笔谈·谬误》）。选人任事也是如此，如果有坏人投其所好，则不免如包拯之上当，此可见诸葛亮能够启用"度外人"的难能可贵。

二是记皇祐二年（1050）范仲淹处理两浙大饥荒，利用吴

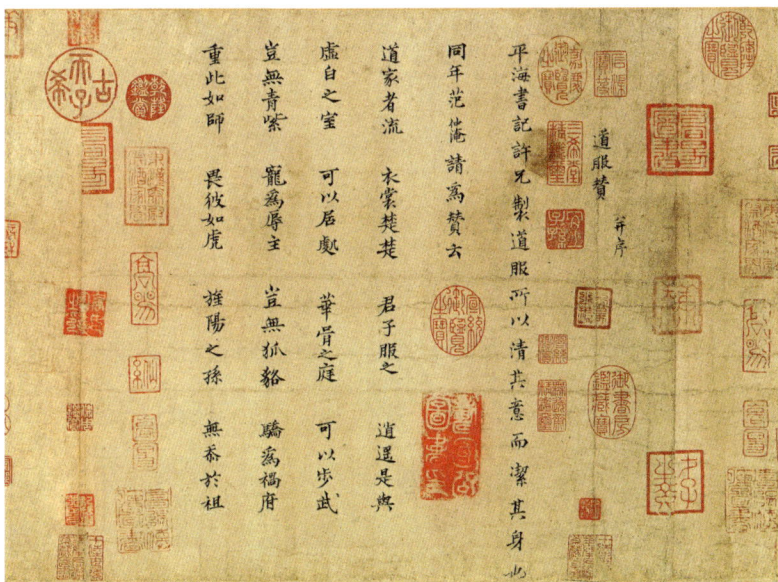

（北宋）范仲淹《道服赞》局部

范仲淹为友人制道服写的赞语，小楷方正端谨，一如其人。

人崇佛和喜欢游玩的特点，自己带头游宴，又说动各寺庙趁饥年工价便宜大兴土木；当有司弹劾他"不恤荒政，嬉游不节"及"公私兴造，伤耗民力"诸事时，范仲淹解释这样做的理由，乃是"欲以发有余之财，以惠贫者"。沈括对这一很符合后世凯恩斯经济学"挖坑论"（指在经济不景气的时候，让政府出钱请工人开工，由此而带动其他相关产业的发展）的举措大为赞赏，表扬说："既已恤饥，因之以成就民利，此先王之美泽也。"（《梦溪笔谈·官政一》）后来沈括察访两浙农田水利时，提出"常、润二州岁旱民饥，欲令本路计合修水利钱粮，募阙食人兴工"（《续资治通鉴长编》）的建议，应该就是受范仲淹的启发。

作为国家重臣，更需要有足够的政治远见，即史书经常称道的"识度"，一些看似无关紧要的细节也要懂得防微杜渐。沈括还记有范仲淹一件小事，说庆历年间有官员违法，按律尚不构成死罪，执政者觉得情节特别恶劣，建议处死。朝臣多数附和，唯独范仲淹没有发表意见，退朝后对左右说："诸公劝人主法外杀近臣，一时虽快意，不宜教手滑。"（《梦溪笔谈·人事二》）因为皇帝秉持生杀大权，如果法外杀人成为习惯，不仅有害于国家政治体制，朝中官员也必然人人自危。

　　"手滑"是很有意思的词汇，苏辙《龙川别志》将这一故事讲得更详细。略去事件的前因，当时主张杀人的是枢密副使富弼，范仲淹私下对富弼陈述反对皇帝滥开杀戒的理由："祖宗以来，未尝轻杀臣下，此盛德事，奈何欲轻坏之？且吾与公在此同僚之间，同心者有几？虽上意亦未知所定也，而轻导人主以诛戮臣下，他日手滑，虽吾辈亦未敢自保也。"富弼很不以为然，两公因此有嫌隙。直到后来庆历新政遭到抵制，富弼从河北宣抚使任上回京，当夜未被宣召陛见，滞留城外，因为前途未卜，以致彻夜未眠，内心惶恐不已，这时才体会到范仲淹当年的深意，于是感叹说："范六丈圣人也。"（《龙川别志》卷下）

　　其实"手滑"也不是范仲淹的发明，《资治通鉴》提到，唐武宗滥杀大臣，杜悰游说李德裕进谏，使用的理由就是"天子年少，新即位，兹事不宜手滑"。而在范仲淹以后，"手滑"更是一种很好的修辞策略，用来表达同样的意思。坊间传闻，清末光绪皇帝与慈禧太后先后崩逝，袁世凯遂被摄政王载沣以足疾为由开缺，其实本来打算赐死的，幸赖张之洞转圜，理由也是：小皇帝登基未久，"倘初政即戮先朝最倚重之大臣，吾惧其手滑而蹈明末覆辙也"（《凌霄一士随笔》）。

　　沈括对边疆事务深有体会，所以对范仲淹、狄青等前辈人物颇多好评，而谈论辽事，最绕不开的话题自然是澶渊之盟。景德元年（1004）辽朝萧太后与圣宗耶律隆绪率兵南下，大宋朝廷在战与和之间摇摆，由于主战派寇准的坚持，宋真宗御驾亲征，终于在澶渊郡（今河南濮阳）与辽国签订和约，从此罢兵。在宋朝而言，澶渊之盟客观上换来了此后百余年的和平，可是一贯视周边为戎狄蛮夷而以"中央之国"自居者，对"以金钱换和平"（根据盟约，辽宋约为兄弟之国，以白沟河为边界，宋朝每年送给辽朝岁币银10万两、绢20万匹）的举措总是心有戚戚焉，所以也有一帮士大夫以此盟约为"丧权辱国"之耻。沈括的基本立场见于《梦溪笔谈》，他专门夸赞寇准在澶渊之盟中的表现：

　　景德中，河北用兵，车驾欲幸澶渊，中外之论不一，独寇忠愍赞成上意。乘舆方渡河，虏骑充斥，至于城下，人情恟恟。上使人微觇准所为，而准方酣寝于中书，鼻息如雷。人以其一时镇物，比之谢安。（《梦溪笔谈·人事一》）

　　"镇物"是东晋谢安的典故，当时面对苻坚大军压境，朝野上下震动，作为征讨大都督的谢安镇定自若，最终取得淝水之战的胜利，《晋书》称之为"矫情镇物"。沈括以谢安比寇准，评价甚高，后来寇准的曾孙寇宗奭作《本草衍义》，多处引用《梦溪笔谈》的观点，与此或许有一定关系。

金兽镇物

南京博物院藏

反对澶渊之盟者以王钦若（962—1025）为代表，他在宋辽罢兵以后，嫉妒寇准的声誉，找机会在宋真宗面前对寇准"下烂药"，据《续资治通鉴长编》说：

契丹既和，朝廷无事，寇准颇矜其功，虽上亦以此待准极厚，王钦若深害之。一日会朝，准先退，上目送准，钦若因进曰："陛下敬畏寇准，为其有社稷功耶？"上曰："然。"钦若曰："臣不意陛下出此言，澶渊之役，陛下不以为耻，而谓准有社稷功，何也？"上愕然曰："何故？"钦若曰："城下之盟，虽春秋时小国犹耻之，今以万乘之贵而为澶渊之举，是盟于城下也，其何耻如之。"上愀然不能答。初，议亲征未决，或以问准，准曰："直有热血相泼耳。"于是，谮者谓准无爱君之心，且曰："陛下闻博乎，博者输钱欲尽，乃罄所有出之，谓之孤注，陛下，寇准之孤注也，斯亦危矣。"（按《宋史》寇准本传，此段亦系王钦若语）由是，上顾准稍衰。

王钦若从此收获"奸佞小人"的恶评，与丁谓（966—1037）一起成为北宋前期两大恶名昭著的奸臣（据《宋史·王钦若传》，宋仁宗时将真宗朝的王钦若、丁谓、林特、陈彭年、刘承珪目为奸邪险伪的"五鬼"，其中最有名的是王钦若与丁谓）。从沈括的叙事来看，他对澶渊之盟总体上持肯定态度，但通检《梦溪笔谈》全书，沈括对丁谓竭尽挖苦讽刺之能事，而对王钦若却无甚恶言。

《梦溪笔谈》没有谈论寇准与王钦若的恩怨，只在讲述宋真宗车驾驻跸澶渊时，提到当时皇帝先派曹利用携和谈文件前往辽国，当经过大名府（今河北省邯郸市大名县）时，正赶上辽兵围攻大名，镇守大名的王钦若担心有其他变故，遂将曹利用扣留在大名府。直到辽军首领萧挞览战死，辽宋重新开启和谈，曹利用才与张皓一起与辽方签订盟约（《补笔谈·杂志》）。

此段情节与史书记载相合，王钦若的处置应对皆很得体，与"小人"形象差之甚远。不仅如此，在《梦溪笔谈》另一条中，沈括还专门叙述王钦若的发迹史，甚至特别赞赏王钦若的"识度"。故事颇为委婉曲折。

宋真宗登基以前，曾任开封府长官，开封府所辖十七县因大旱而减免税收，流言蜚语传到太宗耳中，于是京东、京西两路各州选派官员调查此事。亳州负责核查太康、咸平两县，王钦若当时是知州曾会的幕僚，曾会一直欣赏王钦若的器识和度量（原文说曾会"爱其识度"，也是很高的评价），以三公宰相相期许，所以这次曾会就派王钦若前往按察。其他按察官都揣摩太宗的心思，纷纷认定减税过多，要求追回，独王钦若请求将税款全免。次年真宗继位，随即擢升王钦若为右正言，对臣下说："当此之时，朕亦自危惧。钦若小官，敢独为百姓伸理，此大臣节也。"此后，王钦若连续获得晋升，最终拜相。（《梦溪笔谈·官政二》）

《梦溪笔谈》除了通过事迹剪裁来表明作者立场以外，人物故事前后的引导语和总结陈词也大可玩味。比如前面讲包拯被手下人欺骗，故事安排在"谬误"篇，本身就隐含臧否，而以包拯"号为明察"一句开篇，待故事讲完，再一本正经地用

"孝肃（包拯的谥号）天性峭严，未尝有笑容，人谓'包希仁（包拯字希仁）笑比黄河清'"来结尾，算得上是虐而谑者了。另一则隐士孔旼（孔旼，994—1060）的轶事记载中，这种皮里阳秋的笔调更是昭然若揭。

孔旼是孔子第四十六代孙，隐居不仕，仁宗嘉祐五年卒，王安石作《孔处士墓志铭》称道说："先生事父母至孝，居丧如礼，遇人恂恂，虽仆奴不忍以辞气加焉。衣食与田桑有余，辄以赒其乡里，贷而后不能偿者，未尝问也。未尝疑人，人亦以故不忍欺之。"又说"世之传先生者多异，学士大夫有知而能言者"，《梦溪笔谈》补充事迹说：

淮南孔旼，隐居笃行，终身不仕，美节甚高。尝有窃其园中竹，旼愍其涉水冰寒，为架一小桥渡之，推此则其爱人可知。然余闻之，庄子妻死，鼓盆而歌。妻死而不辍鼓可也，为其死而鼓之，则不若不鼓之愈也。犹邴原耕而得金，掷之墙外，不若管宁不视之愈也。（《梦溪笔谈·人事一》）

这段短文也先标榜孔旼"美节甚高"，然后引入故事，说有盗贼寒冬腊月来偷砍孔家的竹子，孔旻不仅不制止，更担心小偷涉水受寒，于是专门架起小桥便于贼人通行。沈括感叹，孔旻真的称得上是爱人的仁者啊。紧接着却话锋一转，评论说，庄子因妻死而鼓盆作歌，我觉得如果要表现豁达，妻死而继续敲击鼓盆，这一行为尚属正常（沈括的意思是，如果庄子正在击鼓，忽然闻妻死，敲完一曲再停下来，就足以体现

明嘉靖刻本《世说新语》书影

豁达。类似的情况如《世说新语》中顾雍闻儿子霅耗，《晋书》中阮籍闻母亲去世，都继续手边的事，待事了才处理丧事），如果专门因为妻子去世而击鼓，还不如不击鼓为好。尤恐读者未能领悟自己的立场，沈括还继续举例：三国时邴原在园中掘土，发现一块金子，便捡起来抛掷墙外，其行为终究比不上管宁一心耕

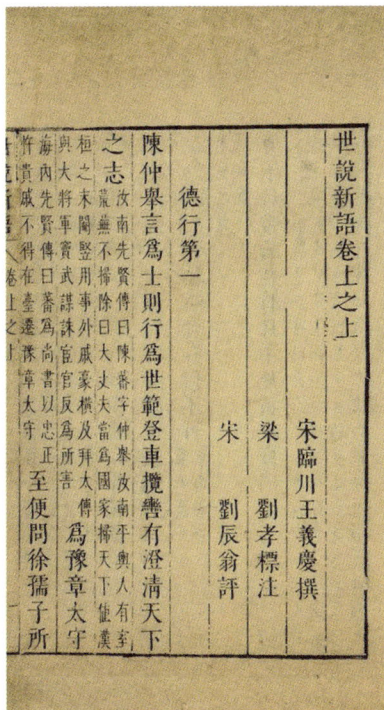

地，对金块视而不见也（这段故事出自《世说新语·德行》，原文是"管宁、华歆共园中锄菜，见地有片金，管挥锄与瓦石不异，华捉而掷去之"。沈括可能在行文中将华歆误认为同时代的邴原了）。如此叠床架屋地解释，足见篇首"美节甚高"四字，确实含有反讽的意思。

最后再说王安石。沈括与王安石的关系由亲近而疏远，卒以王安石在皇帝面前评价沈括为"壬人"而彻底交恶。沈括著《梦溪笔谈》时王安石已经去世，书中十余条涉及王安石，确实没有一句直接的贬语，但除了对其文学方面的表扬，政治方面无所评论，甚至有一条讲王安石生活轶事，也存在明扬暗抑的嫌疑。

王荆公病喘，药用紫团山人参，不可得。时薛师政自河东还，适有之，赠公数两，不受。人有劝公曰："公之疾非此药不可治，疾可忧，药不足辞。"公曰："平生无紫团参，亦活到今日。"竟不受。公面黧黑，门人忧之，以问医。医曰："此垢污，非疾也。"进澡豆令公颒面。公曰："天生黑于予，澡豆其如予何。"（《梦溪笔谈·人事一》）

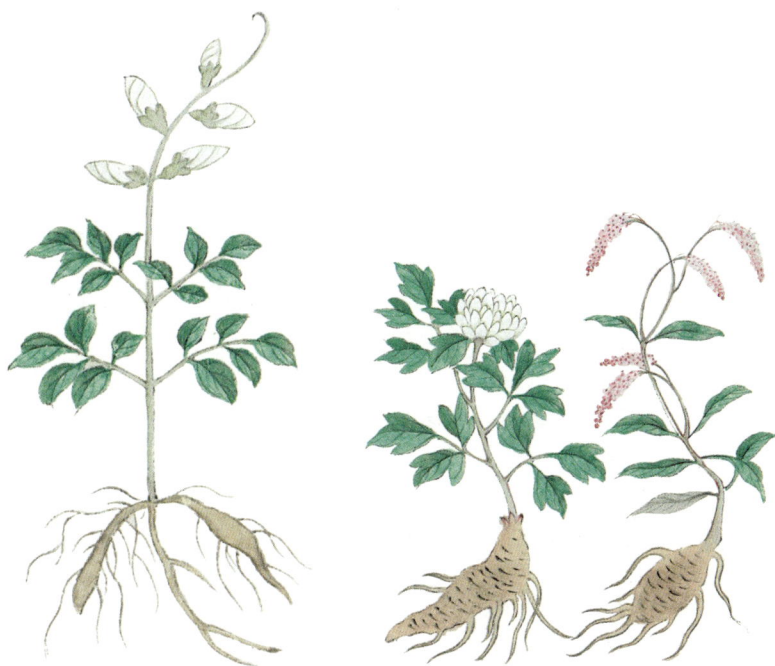

三种紫参图

《本草品汇精要》，（明）刘文泰等撰，王世昌等绘，明弘治十八年彩绘写本。

此条由两个故事组合而成，前半毫无疑问表扬王安石的廉洁，虽救命之药亦不肯收受；后一半拒绝用澡豆（略相当于今天的洗脸香皂）洁面，表面上看只是个人生活习惯，且王安石的邋遢早已世人共知，一定程度还传为"美谈"。比如叶梦得记其轶事说：

王荆公性不善缘饰，经岁不洗沐，衣服虽弊，亦不浣濯。

与吴冲卿同为群牧判官，时韩持国在馆中，三数人尤厚善，无日不过从。因相约每一两月即相率洗沐定力院家，各更出新衣，为荆公番，号"折洗王介甫"云。（荆公）出浴见新衣，辄服之，亦不问所从来也。（《石林燕语》）

叶梦得用故事来说明王安石本色天真（即"性不善缘饰"），这是表扬其率性。沈括的故事中特别加入"问医"情节，专门引医生语来证明王安石脸黑是由于污垢未洗，非疾病所致，然后才是王安石拒绝洗浴，不仅刻画其性格之执拗，正好将《辨奸论》（北宋时期广为流传的一篇批王安石的檄文，相传为苏洵所作）中"衣夷狄之衣，食犬彘之食，囚首丧面而谈诗书，此岂其情也哉"一语坐实。

5　语言文学

语言文学也是笔记著作经常涉及的题材，其中语言为专学，大众接受度相对较低，而笔记一般更偏向于文学，《梦溪笔谈》也不例外。但本书有关语言学的条目虽然不多，或为作者心得，或记录他人成果，皆极有价值，在讨论文学之前，不妨简单介绍。

传统语言学包括文字、音韵、训诂三个方面，音韵学研究语音，汉字注音由直音（用同音字标注读音）发展到反切（以声母字与韵母字连读，方记录语音信息）和四声（指音调的平上去入），主要因佛教传入，受梵文的影响。沈括对音韵学有专门研究，述其流变说："切韵之学本出于西域，汉人训字，止曰'读如某字'，未用反切。然古语已有二声合为一字者，如'不可'为'叵'、'何不'为'盍'、'如是'为'尔'、'而已'为'耳'、'之乎'为'诸'之类，似西域二合之音，盖切字之原也。"又说："音韵之学，自沈约为四声，及天竺梵学入中国，其术渐密。"并解释切韵："所谓切韵者，上字为切，下字为韵，切须归本母，韵须归本等。"（《梦溪笔谈·艺文》）这些论述皆为后世语言学者引述。

《说文解字》将汉字构造总结为六书（象形、指事、形声、会意、转注、假借），今体文字以形声占绝大多数。形声字由指示意义范畴的形符和代表声音类别的声符组成，宋代文字学家王子韶（据《宋史》本传，神宗曾与他讨论文字学，遂"留为资善

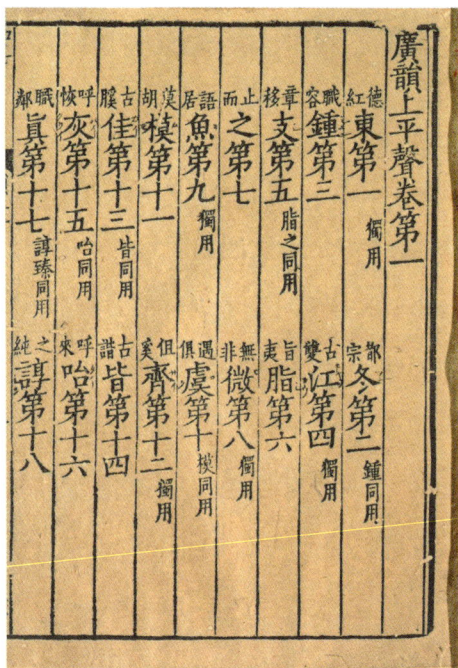

《大宋重修广韵》书影

北宋陈彭年等奉敕编撰，南宋宁宗朝杭州翻刻本

堂修定《说文》官”）注意到声符除注音外，也兼有表意的职能，于是创造了"右文说"（形声字以左右结构为主，通常形符在左，声符在右，王子韶揭示声符兼有表意职能，故称为"右文说"），沈括专门介绍此学说：

> 王圣美（子韶）治字学，演其义以为右文。古之字书皆从左文，凡字，其类在左，其义在右。如木类，其左皆从木。所谓右文者，如"戋"，小也，水之小者曰'浅'，金之小者曰'钱'，歹而小者曰'残'，贝之小者曰'贱'。如此之类，皆以"戋"为义也。（《梦溪笔谈·艺文一》）

王子韶著有《字解》二十卷，今已亡佚，其"右文说"

主要依赖沈括这条记录而为世所知，并引起广泛关注，其价值如晚近语言学家杨树达在《形声字声中有义略证》中总结："（右文）皆语言之根柢，欧洲人谓之 Etymology，所谓语源学也。盖语根既明，则由根以及干，由干以及枝叶，纲举而万目张，领挈而全裘振，于是训诂学可以得一统宗，清朝一代极盛之小学可以得一结束。"（《积微居小学金石论丛》）

沈括"多识于鸟兽草木之名"，颇能揭出经典误注或文献谬用，这属于训诂学的范畴。比如《尚书大传》提到有"大贝如车渠"，郑玄不识，直接按"渠"字作注释："渠，车罔也。"（车轮的外圈被称作"渠"，见《考工记》）车渠是砗磲科多种贝类，贝壳巨大，可以加工成各种珍玩器物，沈括纠正说："海物有车渠，蛤属也，大者如箕，背有渠垄，如蚶壳，攻以为器，致如白玉，生

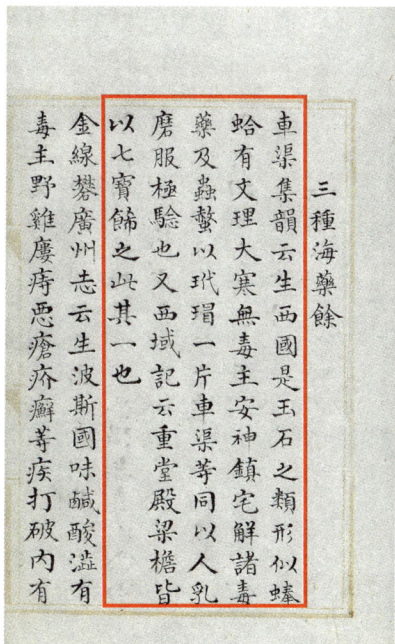

《本草品汇精要》对于车渠的描述

南海。"（《梦溪笔谈·谬误》）

《梦溪笔谈》专门有"艺文"目类，内容主要属于文学，涉及文章和诗歌。宋初继承唐代韩柳领导的古文运动，反对华丽铺陈、冗繁空洞的骈体，提倡简约直白的叙事散文，代表人物有柳开、穆修、张景等。《梦溪笔谈》特别提到这段历史，谓"往岁士人多尚对偶为文，穆修、张景辈始为平文，当时谓之古文"，并引出一段小故事。穆修、张景有一次谈文论艺正欢，见有奔马踏死一犬，于是相约各自记事以决高下。穆修的描述是："马逸，有黄犬遇蹄而毙。"张景的文字是："有犬死奔马之下。"当时文体初变，尚不成熟，如沈括说："时文体新变，二人之语皆拙涩，当时

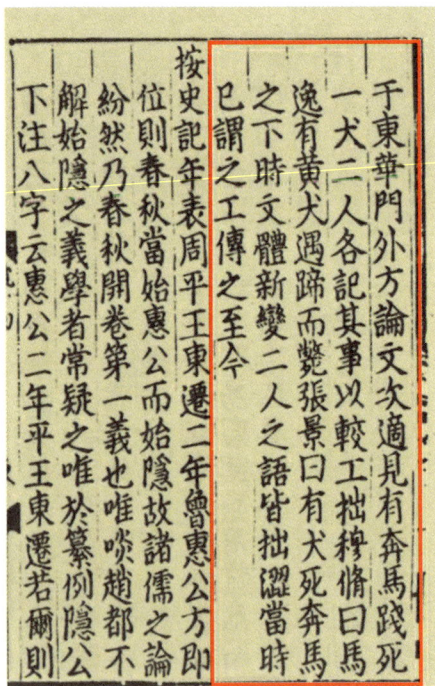

元大德本《梦溪笔谈》对于奔马踏犬事的议论

已谓之工，传之至今。"

穆、张之后，欧阳修挺然而出，文章风气更淳，沈括说："时体为之一变，欧阳之功也。"（《梦溪笔谈·人事一》）此所以沈括对穆张二人各自所缴"作业"并不满意，只给出了堪堪及格的分数。可能因为场景性突出，马踏犬的故事又被后人进一步编排到欧阳修身上，版本很多（目前所见，似以《说郛》引毕仲询《幕府燕闲录》最早，可见北宋后期已经把此事附会给欧阳修了），以冯梦龙《古今谭概》所述最富戏剧性：

欧阳公在翰林时，常与同院出游。有奔马毙犬，公曰："试书其一事。"一曰："有犬卧于通衢，逸马蹄而杀之。"一曰："有马逸于街衢，卧犬遭之而毙。"公曰："使之修史，万卷未已也。"曰："内翰云何？"公曰："逸马杀犬于道。"相与一笑。

文章应该简约，但叙事的前因后果尤其不能因此省废（黄濬《花随人圣庵摭忆》即引此事来批评欧阳修主编《新唐书》记事过于简略，有云："欧阳公作文务从简古，世所传逸马杀犬于道之例，诚字简而意赅。然文章之道,繁简因时,有损一字而失其义者,有损一字而失其美者。"),犬马故事不过是前人所拈的话头,几家叙事其实也谈不上特别的高下,不必较真。《梦溪笔谈》记录欧阳修关于文章的两处细节,更加值得注意。

刘几《尧舜性仁赋》有"内积安行之德,盖禀于天"之句,欧阳修改"积"为"蕴"(《梦溪笔谈·人事一》)。修改理由是这样的:既然说尧舜之德来自"天",就非后天学习所得,"积"为积累,含有递进成长之意,与"禀于天"不合,而

(南宋)陆游《观瘗鹤铭》题记

陆游不仅是诗人,书法也是一把好手。留下的作品以草书、行书为多,楷书少见,这件被称为"最短最精最美"的题刻是他榜书的代表作。

"蕴"是蕴含的意思，意为天然拥有，显然更加准确。

沈括还记欧阳修语："观人题壁，而可知其文章。"（《梦溪笔谈·艺文一》）古人游览山川，遇会心处乃题书三数语，请人凿刻石壁。这类短篇文字最检验作文功夫，在有限的篇幅中，不仅要包括时间、地点、同行者等基本要素，还要发挥升华，非高手不能办。比如陆游曾在南宋孝宗隆兴二年（1164）与友人游焦山，在风雪中观赏《瘗鹤铭》刻石，次年题壁：

陆务观、何德器、张玉仲、韩无咎，隆兴甲申闰月廿九日，踏雪观《瘗鹤铭》，置酒上方。烽火未熄，望风樯战舰在烟霭间，慨然尽醉。薄晚，泛舟至甘露寺以归。明年二月壬午，圜禅师刻之石，务观书。

寥寥数十字，记事以外，语极沧桑，算得上深会欧阳修作文之旨的佳作。

对诗歌的赏析和评论，是笔记类文献的一大主题，乃至发展为专门的诗话（通常以欧阳修《六一诗话》为诗话之滥觞），《梦溪笔谈》中有关诗歌的内容为数不少，实在值得单独编为"梦溪诗话"。

沈括能诗，六言尤其为人称道，刘克庄编选宋人绝句，特别表扬说："六言如王介甫、沈存中、黄鲁直之作，流丽似唐人，而妙巧过之。后有深于诗者，必曰翁（刘克庄自称）之言然。"（《本朝绝句续选序》）沈括诗词作品流传不多，《侯鲭录》尚录有沈括元丰年间所作《开元乐词》四首，据说深得神宗之赏爱，诗云：

> 鹳鹊楼头日暖，蓬莱殿里花香。
> 草绿烟迷步辇，天高日近龙床。
>
> 楼上正临官外，人问不见仙家。
> 寒食轻烟薄雾，满城明月梨花。
>
> 按舞骊山影里，回銮渭水光中。
> 玉笛一天明月，翠华满陌东风。
>
> 殿后春旗簇仗，楼前御队穿花。
> 一片红云闹处，外人遥认官家。

就像苏东坡谦虚的"我虽不善书，晓书莫如我"（苏轼《次韵子由论书》）一样，沈括的诗论也是妙语迭出。作诗需要推敲炼字，所谓"吟安一个字，捻断数茎须"，沈括说："诗人以诗主人物，故虽小诗，莫不挺蹂极工而后已，所谓'旬锻月炼'者，信非虚言。"(《梦溪笔谈·艺文一》)宋诗感叹光阴不再喜欢用"老我"一词，沈括特别拈出欧阳修"老我倦鞍马，谁能事吟嘲"，与王安石"老我衔主恩，结草以为期"两句来作赏析："言'老我'则语有情，上下句皆有惜老之意。若作'我老'，与'老我'虽同，而语无情，诗意遂颓惰。此文章佳语，独可心喻。"(《续笔谈》)仔细体会，如沈括所言，"我老"乃直陈年老衰迈，"老我"则隐含有一分虽老亦能的壮心，诗境确实不一样（需要说明的是，沈括所引欧阳修句出自古风《奉使契丹道中答刘原父桑干河见寄之作》，文集中作"我老倦鞍马，安能事吟嘲"，因为与下句"君才绰有余，新句益飘飘"相衔接，原诗应该就是作"我老"，可能沈括误记。但按照沈括的思路来看欧阳修原诗，前两句感叹我已经衰老无力远游，也再没有吟兴，后两句恭维对方高才，新作不断，如此自然是用无情的"我老"比"老我"更合适；至于沈括记忆之"老我倦鞍马，谁能事吟嘲"句，"老我"又确实较"我老"为佳）。

过度追求字句工整，有时候又会减损诗歌质朴自然的境界，沈括对此也有议论，他觉得"小律诗虽末技，工之不造微，不足以名家，故唐人皆尽一生之业为之，字字皆炼，得之

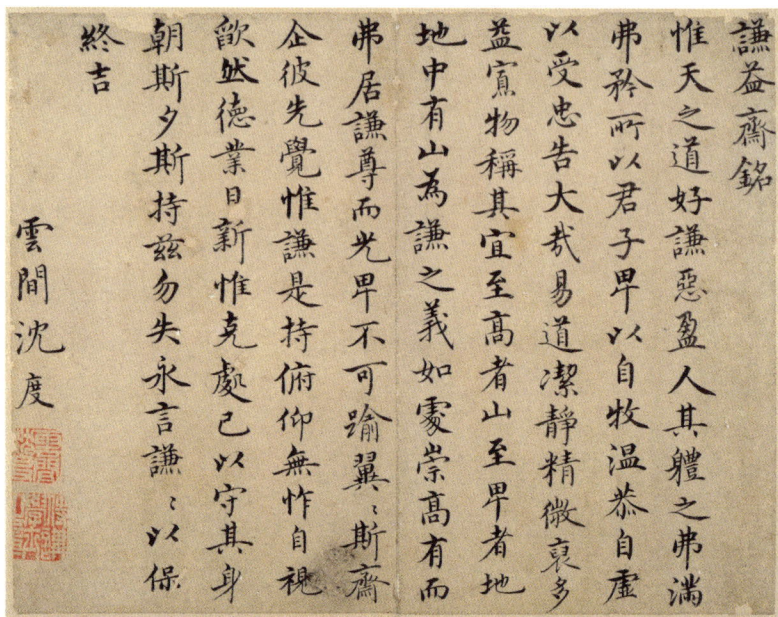

（明）沈度《谦益斋铭》

馆阁书体称得上端庄整齐之极致，过度追求外在美观，不免千字一面。

甚难"，但若只是一味华丽，乃至"字字皆是无瑕可指，语意亦揽丽，但细论无功，景意纵全，一读便尽，更无可讽味"。对这种金玉其外的作品，沈括用书法作比喻："譬若三馆楷书，作字不可谓不精不丽，求其佳处，到死无一笔。"（《梦溪笔谈·艺文一》）此处提到的"三馆楷书"，正是深为后世书法家所诟病，以"乌黑光亮"为美的"馆阁体"。

诗歌应以取意为主，其次才是字句精工。沈括举崔护《题都城南庄》的创作故事为例，崔护某岁城南踏青，偶遇美人，

（元）钱选《折枝桃花图》

次年再访，则已经物故，于是题诗云："去年今日此门中，人面桃花相映红。人面不知何处去，桃花依旧笑春风。"吟罢推敲，觉得意境未能完全表达，定稿将第三句改为"人面只今何处在"。因为诗中"今"字重复，结果还是原诗更流行，只有孟棨《本事诗》录的是后一版本。沈括说："唐人工诗，大率多如此。虽有两'今'字，不恤也，取语意为主耳。"至于"后人以其有两'今'字，只多行前篇"，难怪沈括感叹，此类佳篇妙句，"不唯为之难，知音亦鲜"。（《梦溪笔谈·艺文一》）

文学创作需要生活阅历，甚至沉浸式体验，沈括批评唐人写状富贵的诗歌说：

唐人作富贵诗，多纪其奉养器服之盛，乃贫眼所惊耳，如贯休《富贵曲》云："刻成筝柱雁相挨。"此下里鬻弹者皆有之，何足道哉？又，韦楚老《蚊诗》云："十幅红绡围夜玉。"十幅红绡为帐，方不及四五尺，不知如何伸脚？此所谓不曾近富儿家。（《梦溪笔谈·艺文一》）

描摹富贵一向有多种手法，一味铺排金玉满堂可能是最愚蠢的那种，所以《红楼梦》经常出现诸如"半旧陈设"一类的描述，便自然与暴发户拉开了距离。鲁迅在《而已集·革命文学》中提道："唐朝人早就知道，穷措大想做富贵诗，多用些金、玉、锦、绮字面，自以为豪华，而不知适见其寒蠢。真会写富贵景象的，有道'笙歌归院落，灯火下楼台'，全不用那些字。"可为不刊之论。

"笙歌归院落，灯火下楼台"是白居易《宴散》诗的颔联，宋人即认为是写状富贵的最优版本，晏殊说："'老觉腰金重，慵便枕玉凉'，未是富贵语，不如'笙歌归院落，灯火下楼台'，此善言富贵者也。"（《归田录》）而晏殊也被认为是宋代诗词家中最善于刻画富贵的作手，《青箱杂记》中的一段记载，正好可作为沈括富贵诗议论的补充：

晏元献公虽起田里，而文章富贵，出于天然。尝览李庆孙《富贵曲》云"轴装曲谱金书字，树记花名玉篆牌"，公曰："此乃乞儿相，未尝谙富贵者。"故公每吟咏富贵，不言金玉锦绣，而唯说其气象。若"楼台侧畔杨花过，帘幕中间燕子飞"，"梨花院落溶溶月，柳絮池塘淡淡风"之类是也。故公自以此句语人曰："穷儿家有这景致也无？"

诗话还有一项内容是订讹，既订版本之差谬，也纠作者之错讹。比如陶渊明《饮酒诗》"采菊东篱下，悠然见南山"，这是今天流传的版本，沈括说："往时校定《文选》，改作'悠然望南山'，似未允当。若作'望南山'，则上下句意全不相属，遂非佳作。"（《续笔谈》）这是陶诗研究中著名的公案，晁补之曾记录苏东坡对"望南山"一句的意见，剖析更加透彻："陶渊明意不在诗，诗以寄其意耳。'采菊东篱下，悠然望南山'，则既采菊，又望山，意尽于此，无余蕴矣，非渊明意也。'采菊东篱下，悠然见南山'，则本自采菊，无意望山，适举首而见之，故悠然忘情，趣闲而累远。"（《鸡肋集·题陶渊明诗后》）

又论及李白《蜀道难》的创作背景，按照《新唐书》的说法，严武为剑南节度使，性格骄倨，房琯、杜甫皆其下属，李白作此，"乃为房与杜危之也"。沈括根据《本事诗》所记，李白天宝初至长安即以《蜀道难》呈贺知章，贺读至未毕，已经"称叹数四"，而严武作节度使在安史之乱以后，时间不合；应依太白文集所言，乃是讽喻天宝初年担任剑南节度使的章仇兼

（明）杜堇《陶渊明赏菊图》

纽约大都会艺术博物馆藏

琼者（复姓章仇，鲁郡任城人，节度使任上曾赞助乐山大佛工程）。沈括因有感叹："盖小说所记，各得于一时见闻，本末不相知，率多舛误，皆此文之类。"（《梦溪笔谈·辨证二》）

　　沈括更以学问家的严谨，指责诗人炼字用典的疏漏。比如孟郊、韩愈《城南联句》首句"竹影金锁碎"，沈括认为："所谓'金锁碎'者，乃日光耳，非竹影也。若题中有'日'字，则曰'竹影金锁碎'可也。"又针对陆龟蒙等人《药名诗》中"乌啄蠹根回"与"断续玉琴哀"两句（这首药名诗是多人联句，"乌啄"句出自陆龟蒙，"断续"句出自张贲），前者"乌啄"其实是药名"乌喙"的讹写，后者药名只有"续断"。这种为了诗句通畅，不惜颠倒错乱的做法，沈括斥为"读书灭裂"。

　　批劣的同时也赏优，《梦溪笔谈》录有许多作者认可的佳篇警句。比如鹳雀楼位列四大名楼之一，历代吟咏甚夥，沈括选取唐人李益、王之涣、畅诸三人的作品：

　　河中府鹳雀楼，三层，前瞻中条，下瞰大河，唐人留诗者甚多，唯李益、王之涣、畅诸三篇能状其景。李益诗曰："鹳雀楼西百尺墙，汀洲云树共茫茫。汉家箫鼓随流水，魏国山河

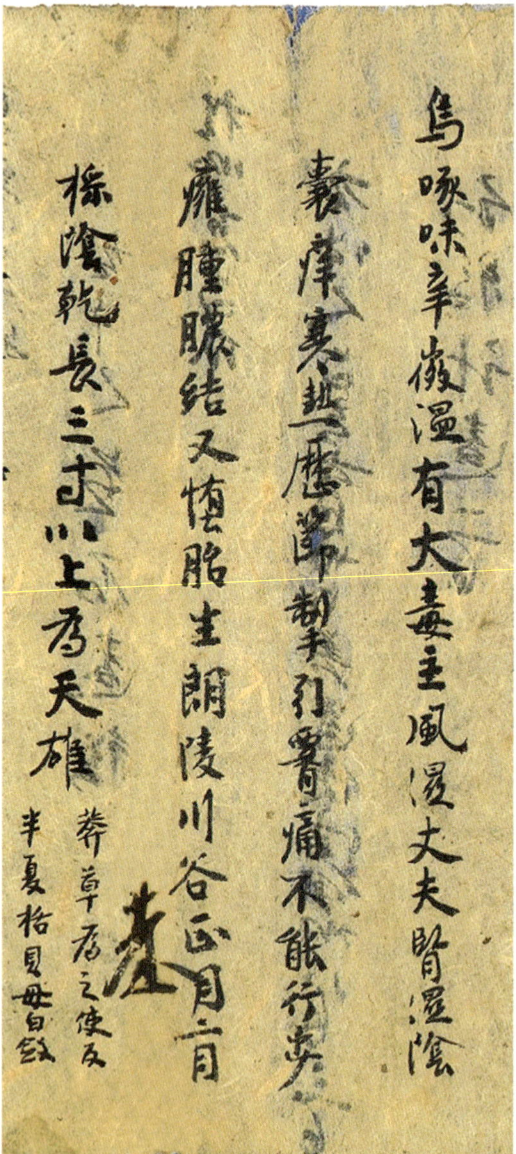

烏喙味辛微溫有大毒主風濕丈夫腎濕陰
囊痒寒熱歷節掣引腰痛不能行步
癰腫膿結又墯胎生朗陵川谷正月二月
採陰乾長三寸以上為天雄
莽草為之使反
半夏栝樓貝母白斂

敦煌出土唐写本《新修本草》卷十“乌喙”条

乌喙的“喙”字沿用章草而楷写，故看似“啄”字，难怪被陆龟蒙误认成“乌啄”入诗。

半夕阳。事去千年犹恨速,愁来一日即知长。风烟并在思归处,远目非春亦自伤。"王之涣诗曰:"白日依山尽,黄河入海流。欲穷千里目,更上一层楼。"畅诸诗曰:"迥临飞鸟上,高出世尘间。天势围平野,河流入断山。"(《梦溪笔谈·艺文二》)

美学感悟见仁见智,后人对李益、畅诸的作品或许未必首肯,但王之涣"白日依山尽"一首,确实如诗评家言,"市井儿童,皆知诵之,而至今斩然如新"(潘德舆《养一斋诗话》)。

沈括还记中唐诗人卢宗回(字望渊,广东南海人,元和十年进士)题长安慈恩寺大雁塔诗:"东来晓日上翔鸾,西转苍龙拂露盘。渭水冷光摇藻井,玉峰晴色堕阑干。九重宫

西安大雁塔

阙参差见，百二山河表里观。暂辍去蓬悲不定，一凭金界望长安。"（《梦溪笔谈·艺文一》）此诗"唐人诸集中不载"，幸赖沈括记录保留下来，清代编《全唐诗》，也仅存此篇。

诗篇也是社会生活的写照，《梦溪笔谈》记"鹿奴诗"的来历，可以大致体会男权社会里女性地位之卑微、命运之凄凉：

> 信州杉溪驿舍中，有妇人题壁数百言。自叙世家本士族，父母以嫁三班奉职鹿生之子（鹿忘其名）。娠娠方三日，鹿生利月俸，逼令上道，遂死于杉溪。将死，乃书此壁，具逼迫苦楚之状，恨父母远，无地赴诉。言极哀切，颇有词藻，读者无不感伤。既死，稿葬之驿后山下。行人过此，多为之愤激，为诗以吊之者百余篇。人集之，谓之"鹿奴诗"，其间甚有佳句。鹿生，夏文庄（夏竦）家奴，人恶其贪忍，故斥为"鹿奴"。（《梦溪笔谈·杂志一》）

鹿奴妻的遭遇并非孤例，《青琐高议》中有一篇《琼奴记》，记宦女王琼奴事迹与之类似，该书并载有琼奴题壁的文字，与王安国作长歌，感叹"哀哀琼奴何戚戚，翻作长歌啾唧唧"，恨不能"千金赎去觅良人，为向污泥濯明玉"。

遗憾两位不幸女子的诗篇都没有流传,《梦溪笔谈》还记有毗陵（今江苏常州）十六岁李姓女子诗两首,《拾得破钱》云："半轮残月掩尘埃,依稀犹有开元字。想得清光未破时,买尽人间不平事。"又有《弹琴诗》云："昔年刚笑卓文君,岂信丝桐解误身。今日未弹心已乱,此心元自不由人。"后一篇隐约透露突破性别藩篱的冲动,沈括评价说："虽有情致,乃非女子所宜。"（《梦溪笔谈·艺文一》）此时代局限,亦不必过于苛责。

6　音乐声律

沈括精研音乐,自承"尝得古之乐说,习而通之,其声音之所出,法度之所施,与夫先圣人作乐之意,粗皆领略"（《长兴集·上欧阳参政书》）,早年甚至可能有通过乐律方面的才能走上仕途的打算,于是将所著《乐论》献给执政,希望"以备有司一端之论"（《长兴集·与蔡内翰论乐书》）。沈括虽未在大晟（shèng）府（宋代掌管乐律的最高机构）任职,而他对乐律的研究,完全达到专业水平,遗憾《乐论》《乐器图》《三乐谱》《乐律》等音乐专著（见《宋史·艺文志》）皆失传,《梦溪笔谈》

和《补笔谈》中数十篇有关乐律的论述，以及保留在《长兴集》中的几篇写给欧阳修、孙固、蔡襄等论乐的书信，成为了解他音乐观点的主要文献。

《梦溪笔谈》中有关音乐的内容十分丰富，可以概分为乐教、乐律、乐调、乐奏、乐器五个方面。

乐教的意义同于诗教，指音乐的教化职能，即沈括言"先圣人作乐之意"。从周公"制礼作乐"开始，音乐就是儒家政治伦常中的重要一环，《礼记·乐记》说"声音之道与政通"，沈括在《上欧阳参政书》中说"礼乐在天下为用最大"，都是这个意思。具体言之，周朝最兴盛时，"《清庙》《大明》之音作于上，《武》《象》《南》《籥》之乐兴于庭，《鱼丽》《鹿鸣》《关雎》《狸首》之声塞于天地之间"，于是"嘉祥美物备至，而天下风教习俗皆宽舒广裕，蔚然号为至平极治之时"，至国运衰亡时，则"乐师、瞽蒙抱其乐器适楚适齐，或散入于河海"，所以"圣人喟然以谓礼乐云者，其关天下盛衰如此"（《长兴集·与蔡内翰论乐书》）。

《梦溪笔谈》借讨论古诗之咏唱来申明此旨：如果诗意安静和雅，则用安和之声咏之；如果诗意悲怨忧思，则用怨思之声咏之。沈括总结说："故'治世之音安以乐'，则诗与志、声与曲，莫不安且乐；'乱世之音怨以怒'，则诗与志、声与曲，莫不怨且怒。此所以审音而知政也。"（《梦溪笔谈·乐律一》）

乐律属于音乐理论，即沈括所言"法度之所施"者，《梦溪笔谈·乐律一》开篇第一条专门讲论音阶与音律，沈括说："凡声之高下，列为五等，以宫、商、角、徵、羽名之。为之主者曰宫，次二曰商，次三曰角，次四曰徵，次五曰羽，此谓之序。名可易，序不可易。"宫商角徵羽五音是传统音阶，相当于现代简谱的 1、2、3、5、6（do、re、mi、sol、la），其中角和徵的音程、羽和宫的音程为小三度，其他音程为大二度。

十二律是音律，从低到高依次为：黄钟、大吕、太蔟、夹钟、姑洗、中吕、蕤宾、林钟、夷则、南吕、无射、应钟。其中奇数次

北宋崇宁四年（1105）夷则镈钟

台北故宫博物院藏

序属阳为"律"，偶数次序属阴为"吕"，合称"律吕"，《千字文》之"律吕调阳"即指此。音律是古代定音方法，从黄钟律标准音起，按照三分损益法，将一个八度分为十二个不完全相等的半音的一种律制。

音律本质上是物理学中的声学问题，而古人不仅加以形而上的引申，还将其用到历法和计量领域（《梦溪笔谈·辨证一》说"余考乐律，及受诏改铸浑仪，求秦汉以前度量斗升"，即直接的例子），更有甚者，乃成为阴阳五行术数体系中的一项元素，因此陷入烦琐和神秘化。时代局限，沈括也未能完全免俗，不过在一些技术细节上，仍显示足够的睿智。

比如《汉书·律历志》谓"太极元气，函三为一"，从子到亥，行于十二辰："始动于子；参之于丑，得三；又参之于寅，得九；又参之于卯，得二十七；又参之于辰，得八十一；又参之于巳，得二百四十三；又参之于午，得七百二十九；又参之于未，得二千一百八十七；又参之于申，得六千五百六十一；又参之于酉，得万九千六百八十三；又参之于戌，得五万九千四十九；又参之于亥，得十七万七千一百四十七。"认为从子到亥，代表的是"阴阳合德"，所以"气钟于子，化生万物者也"，并说：

"故阴阳之施化，万物之终始，既类旅于律吕，又经历于日辰，而变化之情可见矣。"沈括不以为然，一语道破云："殊不知此乃求律吕长短体算立成法耳，别有何义。为史者但见其数浩博，莫测所用，乃曰'此阴阳合德，化生万物者也'。"确实如此，从子到亥计算黄钟的律数为 3^{11}，即得 177147，并无神秘性可言。沈括进一步挖苦说，曾有人挖出一具破朽的捣衣杵，大家都不识，恰好一位号称博洽的书生经过，说这个灵物可了不得，是防风氏的胫骨，乡人大喜，乃修庙祭祀之，沈括说："班固此论，亦近乎'胫庙'也。"(《梦溪笔谈·乐律一》)

唐代李亢的《独异志》记载，唐初因为编磬的支架散落，演奏不出徵音，经李嗣真（唐高宗时人，《旧唐书》本传称其"博学晓音律，兼善阴阳推算之术"）秘密访求而得。其经过据说是，李嗣真听到弩营中隐约有捣砧声，就找来一个丧车上的铃铛在营内振摇，东南角果然有应和之音，于是在此处挖得一段石头，截成四段，恰好补乐器所缺。沈括认为大谬不然，指出："此妄也，声在短长厚薄之间，故《考工记》：'磬氏为磬，已上则磨其旁，已下则磨其端。'磨其毫末，则声随而变，岂有帛砧裁琢为磬，而尚存故声哉？兼古乐宫、商无定声，随律命之，迭为

（清）黄慎《老叟执磬图》

图中老叟一手执磬，一手执玉如意击之。

宫、徵。"（《梦溪笔谈·乐律一》）所言"声在短长厚薄之间"，即声学之音调高低与波长关系原理，所以沈括猜测，此不过是"嗣真必尝为新磬，好事者遂附益为之说"而已。

沈括将音乐史分为雅乐、清乐、宴乐三个阶段，"先王之乐为雅乐，前世新声为清乐，合胡部者为宴乐"。亦即三代时为雅乐，两汉魏晋为清乐，唐宋为宴乐。宴乐亦作燕乐，"自唐天宝十三载，始诏法曲与胡部合奏"，通过与外来的四夷乐交融而成，尽管沈括嫌"自此乐奏全失古法"（《梦溪笔谈·乐律一》），而对唐宋燕乐的记载最为详细。书中多条涉及由七宫四调组成的燕乐二十八调，包括调名、音阶、字谱及音高等问题，其中关于音阶的记载是今存唐宋燕乐二十八调史料中唯一明确的材料。

曲调有古今之变，《梦溪笔谈》多次提到，宋代燕乐的音高较唐乐高两律以上，个中缘由"虽国工亦莫能知其所因"。又说："古乐有三调声，谓清调、平调、侧调也。"这里的"古乐"即指清乐，清调、平调、侧调这三种调式起源于汉代的民间音乐，到南北朝时改称"清商三调"，至隋唐时才称为"清乐"。宋代乐曲中也有这三种曲调存在，但曲子比较短小，声音激越急促（沈括言"其声噍杀"），仅用于道调、小石调等法曲中（《梦溪笔谈·乐律一》）。

书中也讨论乐曲的来历，比如《卢氏杂说》谓《广陵散》是嵇康有感于王凌、毋丘俭谋匡扶曹魏，皆在扬州都督任上被司马氏所杀，曹魏之覆亡开始于广陵，因此把琴曲命名为"广陵散"。沈括不认为"散"是败散之意，批评说：

> 以余考之，"散"自是曲名，如操、弄、掺、淡、序、引之类，故潘岳《笙赋》："辍张女之哀弹，流广陵之名散。"又应璩《与刘孔才书》云："听广陵之清散。"知"散"为曲名明矣。或者康借此名以谏讽时事，"散"取曲名，"广陵"乃其所命，相附为义耳。（《梦溪笔谈·乐律一》）

乐曲是音乐与文学结合，在诗歌而言，"古诗皆咏之，然后以声依咏以成曲，谓之协律"，至"唐人乃以词填入曲中"，作为文学体裁的"词"由此诞生。唐人尚注意歌词与曲调的哀乐相协调，后世则不讲究，乃至"哀声而歌乐词，乐声而歌怨词，故语虽切而不能感动人情，由声与意不相谐故也"（《梦溪笔谈·乐律一》）。沈括记唐昭宗登华州齐云楼，回望京师，作《菩萨蛮》三首，末一首云："野烟生碧树，陌上行人去。安得有英雄，迎归大内中。"又记李慎言梦至一处水殿中，观宫女戏球，作《抛球曲》十余阕，词句清丽，录两阕云："侍燕黄昏晚未休，玉阶夜色月如流。朝来自觉承恩醉，笑倩旁人认绣球。""堪恨隋家几帝王，舞裀揉尽绣鸳鸯。如今重到抛球处，不是金炉旧日香。"（《梦溪笔谈·乐律一》）这些应该都是沈括认可的声意相谐的佳作。

演奏音乐除了技巧娴熟以外，更需要演奏者感情投入。沈括说："古之乐师，皆能通天下之志，故其哀乐成于心，然后宣于声，则必有形容以表之。故乐有志，声有容。其所以感人深者，不独出于器而已。"（《梦溪笔谈·乐律一》）当代名家也有不让古人者，比如记录高邮音乐家桑景舒操琴：

（宋）佚名《虞美人图》

上海博物馆藏

　　高邮人桑景舒，性知音，听百物之声，悉能占其灾福，尤善乐律。旧传有虞美人草，闻人作《虞美人曲》，则枝叶皆动，他曲不然。景舒试之，诚如所传，乃详其曲声，曰："皆吴音也。"他日取琴，试用吴音制一曲，对草鼓之，枝叶亦动，乃谓之《虞美人操》。其声调与《虞美人曲》全不相近，始末无一声相似者，而草辄应之与《虞美人曲》无异者，律法同管也，其知音臻妙如此。（《梦溪笔谈·乐律一》）

又记演奏中的轶事，神宗熙宁年间举行的一次宫廷宴会上，乐工徐衍演奏稽琴（一种近似后世二胡的拉弦乐器），一根弦忽然绷断，这在场面上是扫兴的事，徐衍却镇定自若，在不换琴的情况下，用独弦成功地奏完，从此创下"一弦稽琴格"（《补笔谈·乐律》）。

在歌唱技巧上，古人讲究"声中无字，字中有声"，沈括解释说："凡曲，止是一声清浊高下如萦缕耳，字则有喉、唇、齿、舌等音不同。当使字字举本皆轻圆，悉融入声中，令转换处无磊块，此谓'声中无字'，古人谓之'如贯珠'，今谓之'善过度'是也。如宫声字而曲合用商声，则能转宫为商歌之，此'字中有声'也，善歌者谓之'内里声'。"这是讲唱歌需要协调语言字调与乐曲音声的关系。至于不善歌者，要么只有语字而无曲声之抑扬，称之为"念曲"；要么只有曲声而无语调字声，则称之为"叫曲"（《梦溪笔谈·乐律一》）。

乐器有古今之不同，沈括特别注意利用各类材料来研究乐器。钟镈（通常以无柄有纽，直接悬挂者为"镈"）是击打乐器，需要悬挂在架子上（钟架称作"簨"）才能进行演奏，故钟体之上有一长柄样结构，据《考工记·凫氏》记载，其中的部件至少包括甬、衡、旋虫等，具体如何悬挂，从东汉郑玄以来就说法不一。《梦溪笔谈》提到皇祐年间西湖边出土一具古钟，既扁且短，钟上凸起的乳长约半寸，形制基本符合《凫氏》记载，其甬内部中空而上半略小，与今太常礼院钟镈的结构不同。经过考察，沈括提出如下见解：

> 甬所以中空者，疑钟縻（挂钟的绳子）自其中垂下，当衡甬之间，以横栝挂之，横栝疑所谓旋虫也。今考其名，竹筒（tǒng）之筒，文从竹、从甬，则甬仅乎空。甬半以上微小者，所以碍横栝（指系钟縻的小部件，横向卡在甬内，使钟能够悬吊），以其横栝所在也，则有衡之义也。其横栝之形，似虫而可旋，疑所谓旋虫。以今之钟镈校之，此衡甬中空，则犹小于甬者，乃欲碍横栝，似有所因；彼衡甬俱实，则衡小于甬，似无所因。又以其栝之横于其中也，则宜有衡义；实甬直上植之，而谓之衡者何义？又横栝以其可旋而有虫形，或可谓之旋虫；今钟则实其纽不动，何缘得"旋"名？若以侧垂之，其钟可以掉荡旋转，则钟常不定，击者安能常当其隧？此皆可疑，未知孰是。（《梦溪笔谈·乐律一》）

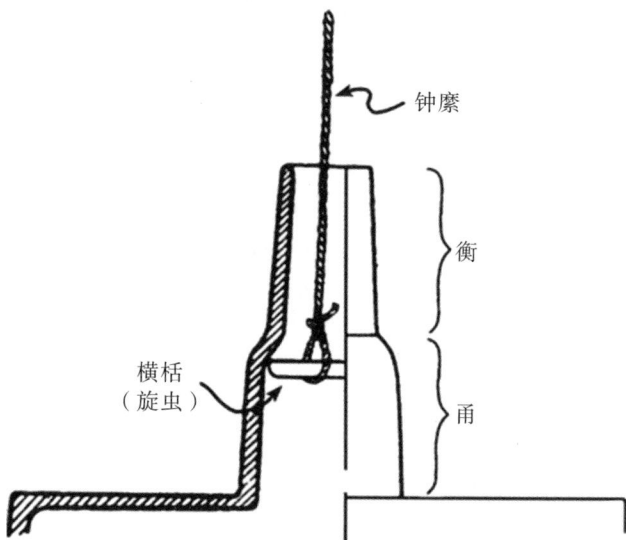

钟縻

衡

甬

横栝
（旋虫）

夏鼐根据沈括描述复原古代空柄甬钟的悬挂法

甬钟的悬挂方式一直没有定论，考古学家夏鼐先生据沈括的描述勾画出示意图，认为可以备一家之说（夏鼐《考古学和科技史·沈括和考古学》）。

《梦溪笔谈》除了叙述羯鼓、杖鼓、琵琶、长笛、胡琴等乐器外，许多篇幅提到琴的制作和演奏。琴在宋代是倍受文人追捧的雅物，传说范仲淹嗜琴，而平生所弹只《履霜》一操，人谓之"范履霜"（《诚一堂琴谱·琴谈》），欧阳修"自少不喜郑卫，独爱琴声，尤爱《小流水曲》"（《三琴记》），沈括对此也有专门研究。

先说制作，沈括总结琴材以轻、松、脆、滑"四善"，尤

宋徽宗《听琴图》局部

故宫博物院藏

以"木性都尽"的古旧枯朽材板为佳，说自己亲见初唐路氏琴，木朽乃至"殆不胜指"，而声音更加清澈；又曾见一张越琴，传说是用古墓里杉木棺材板制作，声音也非常劲挺（《梦溪笔谈·乐律一》）。

再说演奏，沈括叹美宋初琴师朱文济"鼓琴为天下第一"，所传弟子多是僧人，其中越僧义海是朱文济的再传弟子，曾入越州法华山，在山数十年，"昼夜手不释弦，遂穷其妙"，当时"天下从海学琴者辐辏，无有臻其奥"。义海虽是方外人士，沈括特别拈出其文人性质："海读书，能为文，士大夫多与之游，然独以能琴知名。海之艺不在于声，其意韵萧然，得于声外，此众人所不及也。"（《补笔谈·乐律》）

沈括也把自己丰富的音乐知识用于诗文、图画的考证。比如汉代马融《长笛赋》有句"裁以当簻便易持"，唐代李善释"簻"为马鞭，沈括毫不客气地指出，此为谬说，笛子怎么可能作马鞭；"簻"是管的意思，古人将管乐器称为"簻"；其他乐器往往要几个管组合在一起才能演奏，而笛子只用一管而五音具备，制作、携带、演奏都很方便，故言"易持"（《梦溪笔谈·乐律一》）。

又比如元稹的《琵琶歌》首句"琵琶宫调八十一，三调弦中弹不出"，按照十二律七声（五音加上变徵和变宫则为七音）音阶，琵琶应该有八十四调，此言八十一调，实令人摸不着头脑。沈括曾得王安石所赠唐代贺怀智《琵琶谱》，序言就说：

"琵琶八十四调，内黄钟、太蔟、林钟宫声，弦中弹不出，须管色定弦。其余八十一调，皆以此三调为准，更不用管色定弦。"疑团冰释，于是专门载入《梦溪笔谈·乐律二》中。

7 书画文物

宋代文人的收藏兴趣甚浓，书画以外，碑帖、鼎彝最为大宗，藏品往往编辑成谱录，著名者如欧阳修《集古录》、王俅《啸堂集古录》、赵明诚《金石录》、薛尚功《钟鼎款识法帖》等。沈括也有收藏癖，虽未曾将藏品著录成专书，但由《梦溪笔谈》中的零星文字也能够了解，他的兴趣主要在与历史文化相关的物件。

沈括曾购得一件五代后唐闵帝应顺元年刘昫（887—946，涿州归义人，监修《唐书》，即二十四史中的《旧唐书》）除授宰相兼判三司的任职档案，公文格式和批答流程与宋朝所行略有不同，通过考察《旧五代史》等文献，沈括确定奏请的判词为宰相冯道亲笔，属于既有文物价值、又有文献价值者（《梦溪笔谈·故事一》）。

君讳宝子字宝子建宁同乐人也君少禀瑰伟之质长挺高邈之操通旷清恪发自天然冰洁简静道鎮行基择善而从丕阐乡党察孝廉迁本郡太守宠禄振于昆城肃霭扬于巴俗抽簪俟驷朝野咏歌州主簿治中别驾举秀才本郡太守宁抚氓庶物物得所春秋廿三寝疾丧官莫不嗟痛人百其躬情慟发中相与铭诔休扬令终永显勿翦其词曰

山岳吐精海诞陼光穆穆君侯震响锵锵弱冠称仁咏歌朝乡在阴嘉和处渊流芳宫宇数仞循得其墙馨随风烈耀世曜堂霜照朗晖鹏翻凤翔矫翮凌霄将宾王庭鸣鸾乐闉阊阖道隆黄裳绲绂紫电流光将遂民岳保岳南岳不寒不暑季秋年在一呜呼哀哉如何不吊歼我贞良相从柏城摅影不已铭诔勿长自非金石荣枯有常幽潜玄穹携手阖棺终古徒恸崩玄石光景不镌

颜违至人寸阴载爽铭斯诔存世垂惇

大亨四年岁在乙巳四月上旬立

主簿杨磐
录事陈勖
西曹陈政
都督省董彻
郡省主事董僚
省事董迁如
主簿李伋
书佐
书吏任君
军吏主杨
威仪王标
小吏杨利

收藏家对感兴趣的标的自有一种特别的敏感，东晋留下的碑刻不多，最著名者当推远在云南边陲的《爨宝子碑》，此碑乾隆年间出土于曲靖乡间，因为石质坚硬，被村民用来压豆腐，直到咸丰二年（1852）知府邓尔恒偶然发现食用豆腐上居然有古朴字迹，这块被誉为"滇中第一石"的金石重器才得以重见天日。无独有偶，沈括也曾经慧眼识宝。

庆历年间，沈括尚未满二十岁，随父在金陵，偶然发现家中厨师压肉用的石板仿佛有字，洗干净一看，竟然是刘宋海陵王墓志铭，由当时著名文人谢朓（字玄晖，464—499，与谢灵运同族，人称"小谢"）撰文并书丹，书法风格近钟繇，古雅可爱。沈括藏斋中十余年，终于被友人一借不还。墓志不仅书法精彩，文章也很美雅，尤其是传世谢朓文集失载者，沈括遗憾之余，特地把铭文部分转录入《梦溪笔谈·艺文二》中。不仅如此，讨论古代"兼官"制度，还引此墓志上谢朓的署衔"兼中书侍郎"为说明（《梦溪笔谈·故事二》）。

碑帖也是沈括经常引用的文献。柳宗元卒于柳州刺史任上，传说死而为神，旧部建罗池庙纪念，请韩愈撰碑文，沈传师书丹。铭辞中有一句，《韩愈文集》作"侯朝出游兮暮来归，

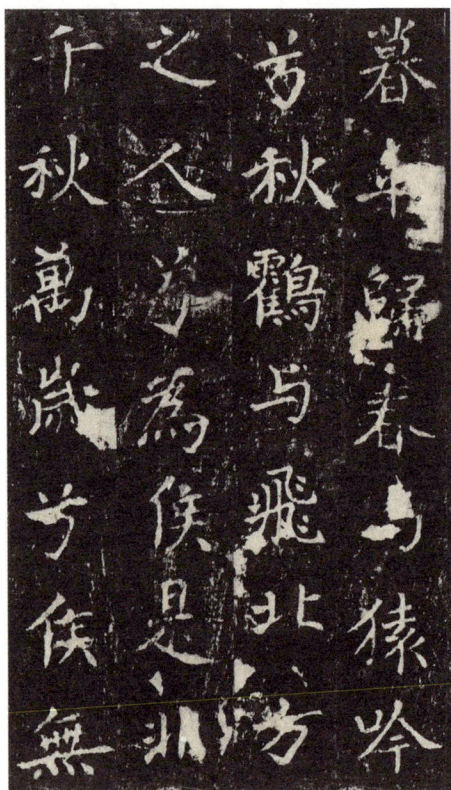

（唐）韩愈撰文、沈传师书丹《罗池庙碑》局部

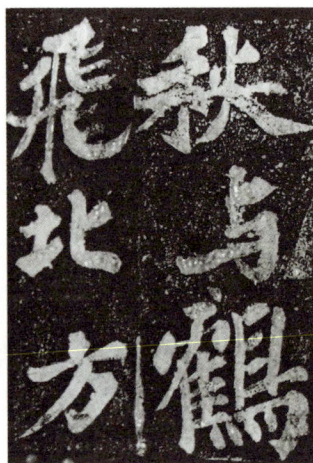

（北宋）苏轼书《罗池庙碑》局部

春与猿吟兮秋与鹤飞"，看似工整，而沈括对照石刻拓本，则作"侯朝出游兮暮来归，春与猿吟兮秋鹤与飞"。沈括将"秋鹤与飞"这种结构称作"相错成文"，可以使文章语势更加矫健，并说杜甫"红（香）稻啄余鹦鹉粒，梧桐栖老凤凰枝"也是这种结构。需要说明的是，文章欣赏见仁见智，欧阳修《集古录跋尾》也注意到此句，却认为"碑云'春与猿吟而秋鹤与

飞'，则疑碑之误也"，而今天柳州柳侯祠中还有一块苏轼写韩
愈这段铭辞的碑刻，依然据文集作"秋与鹤飞"。虽然分歧如
此，碑刻有助于研究则确定无疑。

颜真卿《争座位帖》更是著名的书法作品，此帖为颜真
卿写给尚书右仆射定襄郡王郭英乂信札的草稿，指责郭英乂为
谄媚宦官鱼朝恩，在郭子仪凯旋仪式上，将鱼朝恩座次安排在
六部尚书之前，这一举动罔顾朝廷礼仪。宋人非常叹美此帖的
书法，米芾谓"字字意相连属飞动，诡形异状，得于意外也"，
评为颜真卿传世行书第一（《宝章待访录》）。沈括则看重此帖的
文献价值，《梦溪笔谈》说：

都堂及寺观百官会集坐次，多出临时。唐以前故事皆不可
考，唯颜真卿与左仆射定襄郡王郭英乂书云："宰相、御史大
夫、两省五品以上、供奉官自为一行，十二卫大将军次之；三
师、三公、令仆、少师、保傅、尚书左右丞、侍郎自为一行，
九卿、三监对之。从古以来，未尝参错。"此亦略见当时故事，
今录于此，以备阙文。（《梦溪笔谈·故事二》）

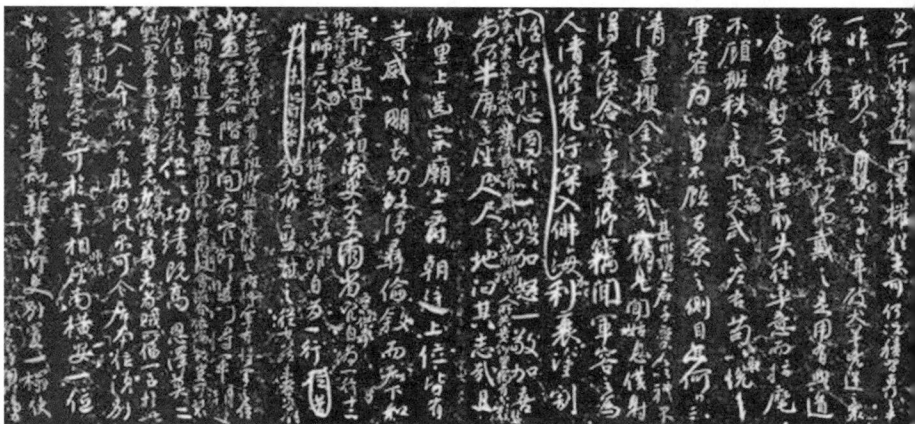

颜真卿的楷书被称为"颜体"，行草书也自成风格，这件《争座位帖》与《祭侄文稿》《祭伯父文稿》并称"三稿"。

相对于唐人书法之矩度森严，宋人书法更重意态生动，苏黄米蔡四家成为宋代书坛的"顶流"，正是"尚意"书风的代表。沈括偏于理工思维，书法审美自然倾向于谨严端庄，他说：

世之论书者，多自谓书不必有法，各自成一家。此语得其一偏。譬如西施、毛嫱，容貌虽不同，而皆为丽人，然手须是手，足须是足，此不可移者。作字亦然，虽形气不同，掠须是掠，磔须是磔，千变万化，此不可移也。若掠不成掠，磔不成磔，纵其精神筋骨犹西施、毛嫱，而手足乖戾，终不为完人。杨朱、墨翟，贤辩过人，而卒不入圣域。尽得师法，律度备全，犹是奴书；然须自此入，过此一路，乃涉妙境，无迹可窥，然后入神。（《补笔谈·艺文》）

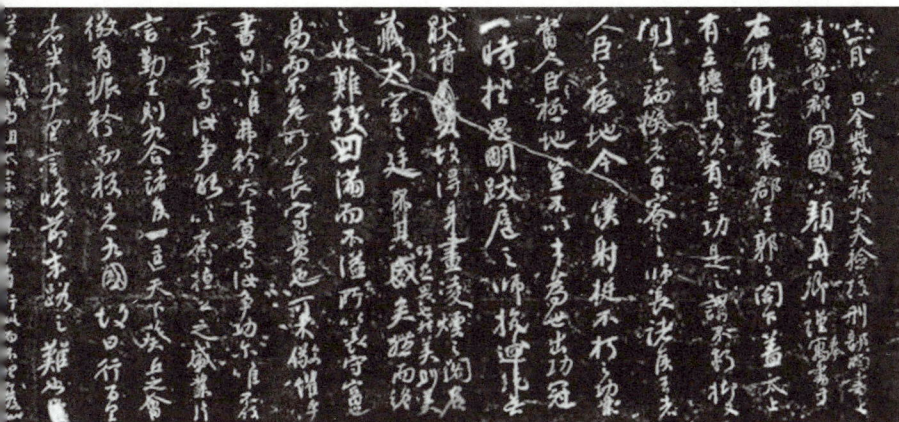

以这些言论教授初学者，确实颠扑不破，却与宋代主流审美风尚格格不入。以"宋四家"排名第一的苏轼为例，他自评"我书意造本无法，点画信手烦推求"（《石苍舒醉墨堂》）；评价黄庭坚草书，"学即不是，不学亦不可"（《跋黄鲁直草书》）；说王安石字"得无法之法，然不可学，学之则无法"（《跋王荆公书》）。与苏轼游走在法度边缘的潇洒态度迥然不同，沈括更看重法度，赞赏整齐且有规律可循的"技术性"书写，比如夸赞徐铉的小篆作品，"映日视之，画之中心有一缕浓墨正当其中，至于曲折

（北宋）徐铉篆书《许真人井铭》

徐铉不仅是书法家，同时也是精研《说文》的学者，与弟弟徐锴分别称为"大徐""小徐"。

处亦当中，无有偏侧处"，认为是用笔之正法，"非老笔不能也"（《梦溪笔谈·书画》）。他还介绍侄子沈辽的书写经验说：

> 余从子辽喜学书，尝论曰："书之神韵虽得之于心，然法度必资讲学，常患世之作字，分制无法。凡字有两字、三四字合为一字者，须字字可拆。若笔画多寡相近者，须令大小均停。所谓笔画相近，如'殺（杀）'字，乃四字合为一，当使'乂''木''几''又'四者小大皆均。如'朩'字，乃二字合，当使'上'与'小'二者，大小长短皆均。若笔画多寡相远，即不可强牵使停。寡在左，则取上齐；寡在右，则取下齐。如从口、从金，此多寡不同也，'唫'则取上齐，'扣'则取下齐。如从朩、从又，及从口、从胃三字合者，多寡不同，则'叔'当取下齐，'喟'当取上齐。"如此之类，不可不知，又曰："运笔之时，常使意在笔前。"此古人良法也。（《梦溪笔谈·书画》）

沈辽把王羲之所言"意在笔先"（《题卫夫人笔阵图后》），理解成预先计划每个字的结构安排，务必点画停匀，并以此为"良法"，见解如此，书法也难高妙，难怪以"毒舌"著称的米芾讥沈辽的书写只是"排字"（据《海岳名言》，宋徽宗让米芾评价

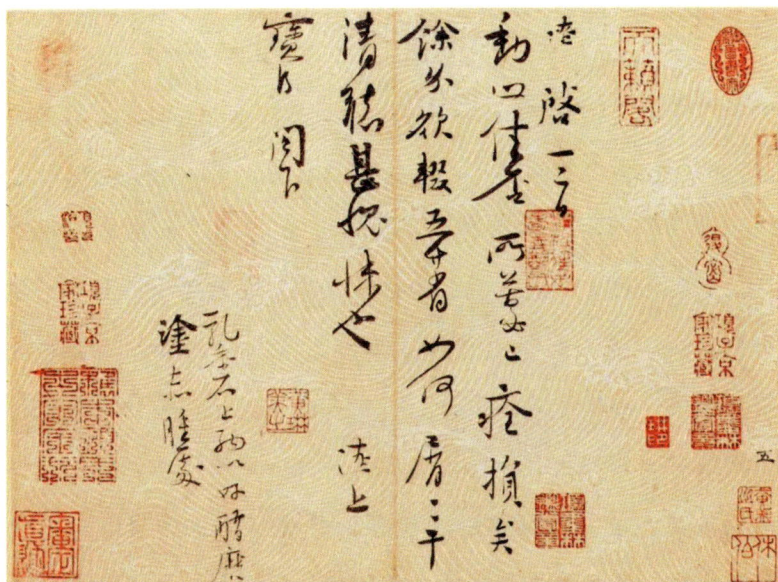

（北宋）沈辽《动止帖》

上海博物馆藏。此帖是沈辽留下的不多的书法墨迹之一，也很精致，但与苏黄米蔡四家比较起来，个性稍显不足。

本朝书家，米芾说："蔡京不得笔，蔡卞得笔而乏逸韵，蔡襄勒字，沈辽排字，黄庭坚描字，苏轼画字。"又令其自评，则说："臣书刷字。"勒、排、描、画、刷五字隐含高下，所以沈辽被摒除于宋四家之外）。

关于绘画，沈括曾作《图画歌》，罗列唐宋画家并缕述风格，可以视为"简明唐宋画史"，歌曰：

画中最妙言山水，摩诘峰峦两面起。李成笔夺造化功，荆浩开图论千里。范宽石澜烟树深，枯木关全极难比。江南董源僧巨然，淡墨轻岚为一体。宋迪长于远与平，王端善作寒江行。克明已往道宁逝，郭熙遂得新来名。花竹翎毛不同等，独出徐熙入神境。赵昌设色古无如，王友刘常亦堪并。黄筌居寀及谭宏，鸥鹭春葩蜀中景。艾宣孔雀世绝伦，羊仲甫鸡皆妙品。惟有长沙易元吉，岂止獐鹿人不及。雕鹰飞动羡张泾，番马胡瓌岌然立。濠梁崔白及崔悫，群虎屏风供御幄。海州徐易鱼水科，鳞鬣如生颇难学。金陵佛像王齐翰，顾德谦名皆雅玩。老曹菩萨各精神，道士李刘俱伟观。星辰独尚孙知微，卢氏楞伽亦为伴。勾龙爽笔势飘飘，锦里三人共辉焕。西川女子分十眉，宫妆撚缲周昉肥。尧民击壤鼓腹笑，滕王蛱蝶相交飞。居宁草虫名浙右，孤松韦偃称世希。韩干能为大宛马，包鼎虎有惊人威。将军曹霸善图写，玉花骢马今传之。驭人相扶似偶语，老杜咏入丹青诗。少保薛稷偏工鹤，杂品皆奇惟石恪。戴嵩韩滉能画牛，小景惠崇烟漠漠。唐僧传古精画龙，毫端想与精神通。挐珠奋身奔海窟，鬣如飞火腾虚空。忠恕楼台真有功，山头突出华清宫。用及象坤能画鬼，角嘴铁面头蓬松。侯翼曾为五侯图，海山聚出风云乌。尔朱先生着儒服，吕翁碧眼长髭须。恺之维摩失旧迹，但见累世令人模。探微真迹存一本，甘露板壁狻猊枯。操蛇恶鬼衔火兽，鉴名道子传姓吴。僧繇殿龙点双目，即时便有雷霆驱。仙翁葛老渡溪岭，潇洒数幅名移居。辋川弄水并捕鱼，长汀乱苇寒疏疏。予家所有将盈车，高下百品难俱书。相传好古雅君子，睹诗观画言无虚。(《王氏书画苑·画苑》)

　　诗中说"予家所有将盈车，高下百品难俱书"，足见其家图画收藏之富。沈括在《梦溪笔谈》中提到他收藏唐代大诗人、画家王维的两件作品，一件是《黄梅出山图》，这是禅宗画，应该是绘五祖弘忍送六祖慧能出山，"所图黄梅、曹溪二人，气韵神检，皆如其为人，读二人事迹，还观所画，可以想见其人"；一件是《袁安卧雪图》，描绘东汉袁安故事，乃"得心应手，意到便成，故造理入神，迥得天意"之作。

　　与其他文物一样，沈括也把绘画作为研究对象，同时综合自己丰富的知识储备进行评论。沈括家藏一件阎立本绘《秦王府十八学士图》，他特别关注画上唐人题写像赞中每位学士的名与字和史书记载的异同，如房玄龄字乔年，《唐书》作房乔字玄龄之类。沈括认为："《唐书》成于后人之手，所传容有讹谬，此乃当时所记也。"(《梦溪笔谈·辨证一》)

（南宋）夏珪（传）《袁安卧雪图》

南宋画家马远、夏珪并称，《袁安卧雪图》传说是王维的作品，后世许多画家都有临创之作。

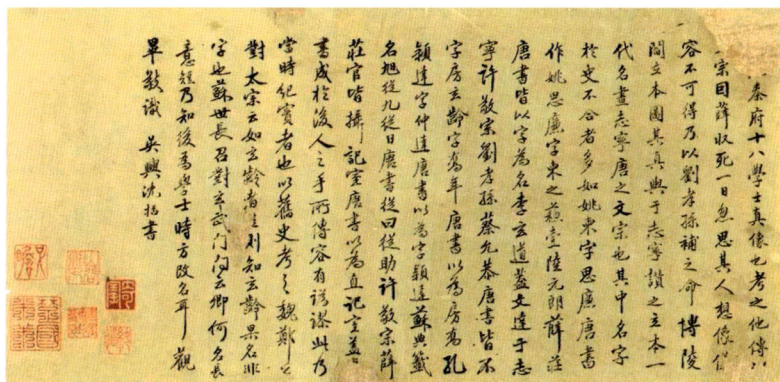

沈括题跋《十八学士于志宁书赞卷》

台北故宫博物院藏。此卷旧传为唐代阎立本绘，于志宁书赞，引首有沈括题跋。

　　他又提到开封相国寺有一铺宋初名手高益所作壁画，图绘乐工演奏的场景，观者多不看好，理由是从图来看，正在演奏工尺谱中的"四"音（唐代五声音阶标记为"合、四、乙、尺、工"），但拥琵琶者却在拨弄下弦。沈括不以为然，指出管乐器发声时手指正放在管孔上，而琵琶一类弹拨乐器是拨子拨过才发声，因为图像是乐奏的定格（沈括说"凡画奏乐，止能画一声"），图中所绘其实是弹琵琶者手刚刚离开上弦的一瞬间，故称赞高益匠心独运，写真准确（《梦溪笔谈·书画》）。

　　图画门类众多，以山水、翎毛、人物、佛道最为大宗，这些内容在《梦溪笔谈》中或多或少都有涉及。

北宋山水画由五代北方之荆浩、关仝，南方之董源、巨然开启。沈括论董源"尤工秋岚远景，多写江南真山，不为奇峭之笔"，又说僧巨然祖述其法，皆臻妙理。谓董、巨之作："画笔皆宜远观，其用笔甚草草，近视之几不类物象，远观则景物粲然，幽情远思，如睹异境。"他特别表扬董源的《落照图》："近视无功，远观村落杳然深远，悉是晚景，远峰之顶宛有反照之色，此妙处也。"（《梦溪笔谈·书画》）这幅以落日为主题的画作，可能也是沈括的藏品。

宋初李成师承荆浩、关仝，其特点是"画山上亭馆及楼塔之类，皆仰画飞檐，其说以谓自下望上，如人平地望塔檐间，见其榱桷"。这是采用焦点透视来写状物象，沈括不赞赏这种画法，批评说："大都山水之法，盖以大观小，如人观假山耳。若同真山之法，以下望上，只合见一重山，岂可重重悉见，兼不应见其溪谷间事。又如屋舍，亦不应见其中庭及后巷中事。若人在东立，则山西便合是远境；人在西立，则山东却合是远境。似此如何成画？李君盖不知以大观小之法，其间折高、折远，自有妙理，岂在掀屋角也。"（《梦溪笔谈·书画》）这一段议论是首次对中国山水画采用散点透视提出理论解释，颇为后世画史研究者重视。

（南唐）董源《溪岸图》

五代宋初董源、巨然并称为山水画南宗鼻祖,《溪岸图》是董源的重要作品。

（北宋）李成《茂林远岫图》局部

辽宁省博物馆藏。李成是北宋初山水画家，师法荆浩、关仝，传承北宗山水。

翎毛花鸟则涉及五代宋初两位著名画家徐熙、黄筌的纠葛。宋初灭蜀以后，后蜀的宫廷画师黄筌及其子黄居寀等皆入翰林图画院供职。不久宋又平定南唐，江南布衣徐熙也到汴京，作品交给图画院审评。黄氏父子所绘花卉设色写生，所谓"妙在赋色，用笔极新细，殆不见墨迹，但以轻色染成"，徐熙则"以墨笔画之，殊草草，略施丹粉而已，神气迥出，别有生动之意"。据沈括说，黄筌担心徐熙压倒自己，遂加恶评（"言其画粗恶不入格"），令徐熙未能进入图画院。后来徐熙之子仿效黄氏画法，不用墨线勾勒而纯用色彩，遂创造"没骨画法"，黄筌等挑不出毛病，才得以加入画院。但沈括认为，这种没骨画的气韵"不及熙远甚"（《梦溪笔谈·书画》）。

人物与佛道则提到吴道子奉唐玄宗之命画钟馗的故事，皇帝将梦中所见人物讲说给画家，吴道子"立笔图讫以进"，因为惟妙惟肖，玄宗惊诧道："是卿与朕同梦耳，何肖若此哉。"（《补笔谈·杂志》）又记吴道子画佛的轶事，先引《名画录》说"吴道子尝画佛，留其圆光，当大会中，对万众举手一挥，圆中运规，观者莫不惊呼"，沈括评价："画家为之自有法，但以肩倚壁，尽臂挥之，自然中规，其笔画之粗细，则以一指拒壁以为准，自然均匀，此无足奇。"认为："道子妙处，不在于此，徒惊俗眼耳。"（《梦溪笔谈·书画》）这就是所谓"外行看热闹，内行看门道"的区别。

"圆光"即佛像的背光，沈括还从宗教角度谈到此光的正确画法："画工画佛身光，有匾圆如扇者，身侧则光亦侧，此大谬也。渠但见雕木佛耳，不知此光常圆也。又有画行佛，光尾向后，谓之'顺风光'，此亦谬也。佛光乃定果之光。虽

（唐）吴道子（传）《送子天王图》局部

日本大阪市立美术馆藏。人物画的线描粉本多数都归美于吴道子，这
幅描绘佛祖降诞的图卷更是吴道子的代表作，流畅圆转的线条颇有
"吴带当风"之妙。

（宋）佚名《佛像图》

图中左上的佛背后即有圆状的光。

劫风不可动，岂常风能摇哉。"（《梦溪笔谈·书画》）从这段话来看，沈括对佛教教义有充分了解。佛光是佛的法身散发照彻十方上下的光明，圆满自如，当然不应该随角度光线而变化。

《梦溪笔谈》还记录了五代时一次屠杀画工的残酷事件，说王铁在陕州，曾请十八位画家为圣寿寺制作壁画，完成以后，借口"使天下不复有此笔"，竟将全部画家杀害，埋瘗（yì）在寺庙西厢下。此事不见他书，真伪不得而知，但仅仅为了让这铺壁画成为绝品就大开杀戒，理由严重不足；如果确有其事，更像是与巫术有关的某种"献祭"行为。

8　奇闻怪谈

孔子不语怪力乱神，但因为和人类的八卦天性冲突，并没有被后世儒家特别遵守。沈括自然不能免俗，他还编过一本志怪性质的小书《清夜录》（见《宋史·艺文志》《直斋书录解题》），书虽不传，从留下的少数佚文来看，并不都是清言嘉话，更似与后来洪迈的志怪笔记《夷坚志》同调。《梦溪笔谈》较《清夜录》晚作，书中"神奇""异事"两个门类，专以异闻怪谈为题材。

可能为了迎合读者的好奇心，笔记书保留有许多民间俗神信仰的资料，《梦溪笔谈》所记紫姑神、钟馗、彭蠡小龙故事都很有意思。

按时间顺序，紫姑的传说大约出现在东晋前后。紫姑本是大户人家小妾，遭妒妇迫害而死，因为多在污秽地显灵，遂为厕神。民间的紫姑信仰常带有游戏性质，正月十五夜紫姑忌日在厕间或猪栏边迎神，以"子胥不在，曹姑亦归，小姑可出戏"祝咒语来召请，若得降临，可以占卜流年。召请紫姑的游戏至宋代不衰，比如苏轼在黄州时曾应紫姑神之请填过一阕

《少年游》，词前小序说："黄之侨人郭氏每岁正月迎紫姑神，以箕为腹，箸为口，画灰盘中为诗，敏捷立成。余往观之，神请余作《少年游》，乃以此戏之。"沈括早岁也目睹紫姑下降父执王纶家，详记见闻云：

旧俗正月望夜迎厕神，谓之紫姑，亦不必正月，常时皆可召。余少时见小儿辈等闲则召之，以为嬉笑。亲戚间曾有召之而不肯去者，两见有此，自后遂不敢召。景祐中，太常博士王纶家因迎紫姑，有神降其闺女，自称上帝后宫诸女，能文章，颇清丽，今谓之《女仙集》，行于世。其书有数体，甚有笔力，然皆非世间篆隶，其名有藻笺篆、茁金篆十余名。纶与先君有旧，余与其子弟游，亲见其笔迹。其家亦时见其形，但自腰以上见之，乃好女子，其下常为云气所拥。善鼓筝，音调凄婉，听者忘倦。尝谓其女曰："能乘云与我游乎？"女子许之。乃自其庭中涌白云如蒸，女子践之，云不能载。神曰："汝履下有秽土，可去履而登。"女子乃袜而登，如履缯絮，冉冉至屋，复下。曰："汝未可往，更期异日。"后女子嫁，其神乃不至，其家了无祸福，为之记传者甚详。此余目见者，粗志于此。近岁迎紫姑者极多，大率多能文章歌诗，有极工者，余屡见之。

多自称蓬莱谪仙，医卜无所不能，棋与国手为敌，然其灵异显著无如王纶家者。(《梦溪笔谈·异事》)

钟馗捉鬼的故事流传久远，沈括曾见内府藏吴道子所绘钟馗捉鬼图，卷首唐人题记说：唐明皇卧病，梦小鬼盗取杨贵妃的紫香囊等件，被蓝衣大鬼追逐，大鬼捉住小鬼，"刳其目，然后擘而啖之"。皇帝因询大鬼身份，对奏说：臣是钟馗氏，应武举不中，发誓要为陛下扫荡天下妖孽。明皇醒来，觉身体轻快了不少，于是命吴道子依此梦境造像，这便是史上第一幅钟馗图像的来历。郭若虚也见过这幅画，在《图画见闻志》称赞说："昔吴道子画钟馗，衣蓝衫，鞹一足，眇一目，腰笏巾首而蓬发，以左手捉鬼，以右手抉其鬼目，笔迹遒劲，实绘事之绝格也。"因为图中钟馗相貌奇崛，所以晚出的传说又将钟馗落第归咎于"唐王嫌臣貌丑，遂黜职不用"，以消减最初传说中钟馗应试能力较差的缺陷。

沈括还提到，熙宁五年（1072）宋神宗更令画工依内府所藏吴道子画像，"摹拓镌板，印赐两府辅臣各一本"，并于当年除夕，"遣入内供奉官梁楷，就东西府给赐钟馗之象"。传说

（宋末元初）龚开《中山出游图》

美国弗利尔美术馆藏。图中绘钟馗及小妹乘舆出游的情景，魑魅魍魉形状各异，堪称一卷绝妙鬼趣图。

虽如此，出于学者的敏锐，沈括注意到皇祐年间南京曾出土刘宋征西将军宗悫之母郑夫人墓志，志文提到宗悫妹名钟馗，除此而外，北魏及隋代都有以钟馗为名者，所以沈括怀疑，"钟馗之名从来亦远矣，非起于开元之时，开元之时始有此画耳"（《补笔谈·杂志》）。

彭蠡小龙则是宋代兴起的水神信仰，主要发生在鄱阳湖一带的长江水面，因为护佑长江航运有功，多次得到皇帝敕封。沈括记录了熙宁年间的一次小龙显圣。当时朝廷南征交趾，运输船队过真州（今江苏仪征真州镇）时，有一条小蛇登船，船工知是小龙，请主事者恭敬迎迓，果然一路顺风。小龙护送船队

到洞庭，才附随下行的商船返回。

主事者事后启奏皇帝，诏封小龙为"顺济王"，并安排林希传诏。册封过程也很有趣，林希先至祠下焚香，一蛇从空中坠到庙祝肩上，随后蜿蜒几案间。祝说此龙君至矣，林希不憷（chù），说道：王既然接受天子敕封，且须斋戒三日。蛇遵命蟠银香奁中三日不动，然后成礼。待林希完成公务，小龙亲自尾随林希的官船送别，过洞庭才折返（《梦溪笔谈·神奇》）。仔细琢磨这段描写，小龙与林希的互动中，隐含了许多官场套路，大可与《水浒传》中诏安桥段对观。

出于对未来事件不确定性的恐慌，人们愿意相信各种预言，更乐于读到预言得到验证的故事。占验故事通常由两部分组成，即预言和结局。预言可以是"冥冥天意"，比如有少年郎梦中得诗云："夜卧北斗寒挂枕，木落霜拱雁连天。"虽是佳句，却有阴森之气，不数月果卒（《续笔谈》），这就是所谓的"诗谶"。

又如庐山太平观前身是唐代九天采访使者祠（传说唐明皇梦有神仙自称"九天采访"，司巡察人间之责，求在庐山建祠庙），元丰二年（1079）道士掘地得一枚铜钱，上有"应元保运"四字，当时不以为意，后两年忽然有诏书给九天采访使者进尊号为"应元保运真君"，遣内侍廖维持来送御书殿额，内容竟然就是"应元保运"。此事经审察属实（原文说"召本观主首推诘其详，审其无伪"），铜钱遂由廖带回进呈（《梦溪笔谈·神奇》）。

再一种情况是发布预言在先，事后符契，真宗朝名臣张咏（字乖崖，累官枢密直学士、工部尚书、礼部尚书，谥忠定，故沈括称之为"张忠定"）预克亡日的故事可以作为代表。张咏慕道，神异传说甚多。沈括记其早年入华山谒陈抟老祖，欲就此隐居学道，老祖告其未来身担救民水火之责，完成以后再来不迟，并赠一首预言诗云："自吴入蜀是寻常，歌舞筵中救火忙。乞得金陵养闲散，亦须多谢鬓边疮。"张咏当时不明究竟，后来先后在杭州、成都任职，就像"救火队长"一样，妥善处理民变，晚年头上生疮，屡治无效，于是退养金陵，一切都和预言相符。

又说张咏当年从益州知州离任的时候，留下一封密信给相熟的僧人，让他至乙卯年七月二十六日交给地方大员，需当众开拆，特别叮嘱必须恪守时日且不能私拆，否则有大祸。到大中祥符七年乙卯岁，僧人于是日将此书函面呈益州知州凌策，如其言召集一众官员拆信，里面是张咏手书"咏当血食（即享受祭品）于此"数字。过些时候，果然从京师传来消息，张咏于当年当日去世，凌策因此在成都为张咏修祠庙祭祀。沈括说，蜀人自唐以来，都祭祀韦皋（唐德宗时任剑南西川节度使，镇守四川二十余年，传说诸葛亮转世，故被蜀人奉祀），自此乃改祠张咏（《梦溪笔谈·神奇》）。张咏的祠庙南宋犹在，陆游曾作《拜张忠定公祠二十韵》，有句云："张公世外人，与蜀偶有缘。天将靖蜀乱，生公在人间。"

占验故事的结局如果出人意料而又合情合理，就更加引人入胜。元厚之（1008—1183，元绛字厚之，累迁翰林学士、参知政事）年轻时曾梦有人对他说，以后将为翰林学士，且兄弟数人同在翰林，厚之自忖没有兄弟，想来一定是无稽之谈，也就不以为意。直到熙宁年间拜翰林学士，在此前后入学士院的有韩维、陈绎、邓绾、杨绘，加上厚之名绛，五人名字都是"糸"旁，这才醒悟梦中"兄弟"的意思（《梦溪笔谈·异事》）。

从《梦溪笔谈》记载的神奇怪谈来看，除了同于常人的"猎奇"心态外，沈括比较注意探究这些超常现象背后的原理。比如一女巫能通灵，"虽在千里之外，问之皆能言"，尤其善于猜物。沈括的伯父曾将《金刚经》密封在大箧中，问女巫内中有何物，女巫说"空空如也"，伯父开箱，则是佛经百册。沈括试图用大乘佛教的原理来解释此事："此所谓文字相空，因真心以显非相，宜其鬼神所不能窥也。"沈括还注意到，如果下棋者数好一把黑白子握在手中让女巫猜，无一不中；若随意抓一把棋，则猜不出来。沈括因此推测，女巫应该是通晓"读心术"，故"人心所知者，彼则知之，心所无则莫能知"（《梦溪笔谈·异事》）。

客观言之，绝大多数预言故事都是事后附会或刻意杜撰，沈括在笔记中也经常流露怀疑态度。比如传说大中祥符年间廉州（今广西北海）梁姓人家准备买地安埋亲长，听人说前几天曾见一群小乌龟抬一

（金）张珪《神龟图》

故宫博物院藏

头大乌龟埋在某山某处，梁觉得应该是风水上佳的万年吉地，于是"以龟之所穴葬其亲"，其后子孙繁昌、簪缨不绝，人称"龟葬梁家"。沈括认识其中几位梁姓官员，仍将信将疑地表示："龟能葬，其事已可怪，而梁氏适兴，其偶然邪，抑亦神物启之邪。"（《补笔谈·异事》）因为心存疑惑，沈括还特别指出预言故事可能存在的逻辑悖论：

> 人有前知者，数千百年事皆能言之，梦寐亦或有之，以此知万事无不前定，余以谓不然。事非前定，方其知时，即是今日，中间年岁，亦与此同时，元非先后。此理宛然，熟观之可谕。或曰："苟能前知，事有不利者，可迁避之。"亦不然也。苟可迁避，则前知之时，已见所避之事；若不见所避之事，即非前知。（《梦溪笔谈·神奇》）

沈括从两个角度来否定预测未来：第一，如果千百年以后的事件能够准确预言，必可推出一切事件的发生皆已注定，意即从预言的当时到事件发生的这段时间内的一切事件都注定发生，所有这些事件甚至可以泯灭时间递进，看作是同时发生，这显然是不可能的，故属于荒谬（沈括第一层意思大致如此，因为涉及时间空间概念，沈也觉得表达费力，所以说其中的道理需要"熟观之可谕"。不妨用电影作譬喻，对电影中的人物而言是一段随时间而递进的人生故事，不能够预言未来；但电影讲述的故事已经固化到胶片上，所以对观影人来说，电影中每一个时间点发生的事件都是固定的，自然可以"预言"任何一个时间点"将要"发生的故事，所以也可以理解为这些故事是同时发生的。参与预言者如同电影中的人物，不应该具有预言事件发展的能力）；第二个角度更容易理解，如果预测有效，且按照预言家的指示去避免灾祸，那灾祸在未来就不发生了，既然不发生，预言家又如何会预见灾祸的发生呢，由此陷入悖论。

沈括还揭露占卜人利用概率骗钱的伎俩：

> 京师卖卜者，唯利举场时举人占得失。取之各有术：有求目下之利者，凡有人问，皆曰"必得"，士人乐得所欲，竞往问之。有邀以后之利者，凡有人问，悉曰"不得"，下第者常过十分之七，皆以为术精而言直，后举倍获。有因此著名，终身缯利者。（《梦溪笔谈·谬误》）

这种骗局在现代还有"升级版"，比如预测球赛胜负，群发预测邮件，一半收件人得到的是甲队胜利，另一半则是乙队胜利（为举例方便，仅说胜负两种情况，如果选择人数足够多，还可以增加比分细节），下一场比赛则只发信给收到正确"预言"的那部分收件人，继续有选择地发信，直到决出冠军。如此筛选出每次都收到正确预测的人，这部分人必然认定预测者"术精而言直"，然后再谋取利益。

除俗神显灵、预言休咎外，如物候异常、特殊气象、罕见物类等古人也当作怪谈，将在"下编"生物学、气象学题目内讨论，还有一个有意思的题材是公案。沈括担任过检正中书刑房公事，经历的司法案件颇为不少，在《梦溪笔谈》中娓娓道来，也饶多趣味。

一件是杀人奇案，随州大洪山李某杀人亡命，逃到秭归，在市场上随便买了一根拐棍；恰好秭归县也发生杀人凶案，正在追捕凶手，受害人的儿子偶然见李手中的拐棍正是其父素来所用，于是报官。李某虽然辩称拐杖是买来的，可一时之间又寻不到卖拐的人，经过有司仔细盘问，误打误撞竟然把随州杀人案给破获了。这种巧合也确实难得，沈括感慨，市场上的人何止千万，恰好被李某遇上，然后牵连出大案，"此亦事之可怪者"（《梦溪笔谈·异事》）。

另一件是失踪案，故事发生在润州（今江苏镇江），有妇女的丈夫外出多日未归。听说某处菜园井中发现一具死尸，妇人跑去察看，一口咬定死者是其夫，于是报官处理。知州张升（字杲卿）到现场召集左邻右舍一起查验，众人都表示井深看不清，需要打捞后才能辨认。张杲卿说："这么多人都看不清，为什么唯独此妇人知道井中之人是她丈夫呢。"于是交给有司审讯，果然是妇人伙同奸夫杀人（《梦溪笔谈·官政二》）。

这个故事表现张杲卿心思缜密，还有一个故事则刻画审案者陈襄（字述古）的神机妙算：

陈述古密直知建州浦城县日，有人失物，捕得，莫知的为盗者。述古乃绐之曰："某寺有一钟能辨盗，至灵。"使人迎置后阁祠之。引群囚立钟前，自陈不为盗者摸之则无声，为盗者摸之则有声。述古自率同职祷钟甚肃，祭讫，以帷帷之。乃阴使人以墨涂钟，良久，引囚逐一令手入帷摸之。出而验其手，皆有墨，唯有一囚无墨，讯之，遂承为盗。盖恐钟有声，不敢摸也。（《梦溪笔谈·权智》）

陈述古"摸钟辨盗",抓住嫌疑人畏罪的心理特点,在充分营造神钟辨罪的气氛以后,将大钟作为"测谎仪",巧妙甄别犯罪分子。沈括记录下来的这个故事实在巧妙,所以不仅被公案小说借鉴,也成为后世官员的断案参考。据《宋史·刘宰传》,南宋刘宰曾经处理过一起金钗失窃案,盗窃者应该不出家中两女佣之一,奈何两人都坚决否认。刘宰将两人收押,给她们各自一株芦苇,应该也给出一番芦苇有灵的暗示,告诉两人,明早偷盗者手中的芦苇将长长两寸,清白者芦苇如故。明早检查芦苇,其中一人的芦苇被掐短了两寸,于是真相大白。

二 科技渊薮

　　宋代知识人对客观物质世界的兴趣较前代学者更加浓厚，沈括表现得尤其突出，《梦溪笔谈》的内容涉及天文、历法、物理、化学、地质、气象、生物、农业、工程、医药等领域，这自然是本书能够从古代众多笔记类文献中脱颖而出、受到现代读者追捧的重要原因；但本书与宋代纯科技著作，如《太平圣惠方》（王怀隐，医学）、《本草图经》（苏颂，药物学）、《新仪象法要》（苏颂，天文学）、《营造法式》（李诫，建筑学）、《洗冤录》（宋慈，法医学）、《农书》（陈敷，农学）、《数书九章》（秦九韶，数学）等不同，本质上仍是作者沈括记录平生参与活动、亲历事件、结交人物、思考问题的学术随笔，所以涉及理工各科的内容多寡、程度深浅不一，甚至部分问题的立场未必与现代价值观念一致。今仍按照现代学科分类，将本书科技相关内容整合为天文历法、数学物理、地质地理、工程技术、生物学科、本草药物六篇加以介绍。

1　天文历法

初民观察天体运行或许只是为了获得时间的参照物，比如太阳升落为一日，月亮盈亏为一月，再结合季节轮回，便有了"年"的概念，也有了原始的"历"。若以"日"为单位，"月"的轮回接近 30 日，"年"的轮回接近 365 日，但皆不是整数，于是古人通过置"闰"等办法来调整年月长度，努力使"历"中的"年""月"尽量接近客观的四季变化。由于系统误差的缘故，即使再精密的历法，偏差经过百数十年时间的累积也变得不可忽略。所以从西汉《太初历》算起，直到清末采用公历（公历是太阳历，虽然借用"月"的概念，但不与朔望关联，故其历年最接近回归年）为止，历法在两千年间经历百余次大小修订。

儒家强化"天人感应"原理以后，天文现象被认为是神格化"天"对人间政治现状的"态度表达"，所以国家天文机构的职能并不仅限于天文观察，一旦出现关乎君主安危、国运盛衰的星象，需要及时汇报并进行禳解。为了垄断对各种天象的发表权和解释权，从晋武帝泰始三年（267）"禁星气谶纬之学"以来，历代都有不许"私习天文"及造作"玄象器物"的禁令，其后果则是"天子至于庶民，皆戴天而不知所以为天"（郝经《陵川集·玉衡真观序》）。不仅政策限制，再加上天文观测和历法推演不但需要仪器设备，还要求参与者具备实际观察能力、数学运算能力、空间想象能力，技术门槛较高，文人士大夫大都视此为畏途，客观上也造成"后世文人学士有问之而茫然不知者"（顾炎武《日知录·天文》）的局面。

北宋立国之初即重申"私习天文之禁"（《宋史·马韶传》），开宝年间还曾有宋惟忠因"私习天文，妖言利害"罪名而惨遭弃市（《续资治通鉴长编》）；在此背景下，士大夫对天文之学懵然未知。比如浑仪亦称作玑衡，是用来观测天体位置的仪器，浑象则是展示天体运动的仪器，两者不同；皇祐年间有一次科考的题目是"玑衡正天文之器赋"，考生分不清浑仪与浑象，乱用典故，考官居然也不懂，竟列为高等，一时传为笑谈（《梦溪笔谈·象数一》）。

沈括是北宋少数精通天文历法的学者（宋代朝廷大员精通天文并有所成就者，大约只有同时代的苏颂堪与沈括并列，苏颂领导建

（清）徐扬《日月合璧五星联珠图》中的浑仪（左）与浑象（右）

台北故宫博物院藏

造世界最古老的天文钟"水运仪象台"，并将成果编著为《新仪象法要》），他的天文学知识来历不详，自己亦讳言此事，只是早年说"尝得古之乐说，习而通之"（《长兴集·上欧阳参政书》），因为古代知识体系中，音乐与天文、历法相通，也算隐晦承认对天文知识有所掌握。

沈括治平二年（1065）前后在编校昭文馆书籍时曾参与详订浑天仪，《梦溪笔谈·象数一》载有三则当时与长官的天文学问答。比如长官问："日月的形状是像圆球还是团扇，如果说像圆球，相遇时岂不会撞在一起？"沈括答："日月都如圆球，这从月亮的盈亏可为证明。月亮如同一个本身不发光的银

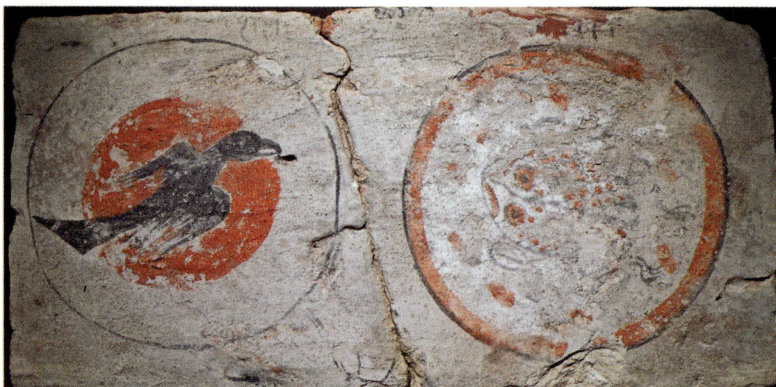

晋日月画像砖

金昌市博物馆藏

色球体，因太阳照射而生光。每月初时，太阳位于月亮旁边，阳光从侧面照过去，所以仅一弯钩有光明；随太阳运行渐远，光斜照月亮，有光面逐渐增大，直到圆满。可以设想一个小实验，一枚半面涂粉的圆球，侧视则涂粉的地方仅如弯钩，从正面看过去，涂粉的地方就是正圆形，此即月亮盈亏的道理。"又说："日月都是气，有形而无质，即使相遇也无碍。"

长官又问，按说每当朔日，日月在地的同侧，月亮遮住太阳，就应该发生日食；每当望日，日月在地的两侧，地球影子掩蔽月亮，就应该发生月食；可为何日月食并不是每月都发生（原文"日月之行，月一合一对，而有蚀、不蚀，何也"）？沈括从日月运行轨道讲起，太阳运行的黄道（以地球为观察点所见太阳一年内在天球上的运行轨迹，本质上是地球的公转轨道平面和天球相交的大圆）与月亮运行的白道（月亮绕地球运行的轨道平面与天球相交的大圆）并不重合，而存在交角，如此就会有两个黄白交点，其中一个为升交点（月球在白道上运行过此交点后，便升到黄道平面之上），另一个为降交点（月球过此交点后，便降到黄道平面之下），只有当日月同时运行到交点及其附近时，才会发生日月的全食或偏食。沈括特别提道："交道每月退一度余，凡二百四十九交而一期。"所言"交道"即两个交点的连线，意思是说，黄白道交点每月会后退 1° 多一点，每经过 249 个交点月（20.75 年），又回到原来位置。现代天文学认识到，因为太阳对地球的引力，交点线会沿着与月球运动相反的方向移动，每月西退 1°5′，约 18.6 年为周期，可见沈括的观察基本正确。长官还问到二十八宿为何不等分周天度数，沈括也有深入浅出的解释（《梦溪笔谈·象数一》）。

长官的提问带有测验性质，沈括的回答足以反映水平，所以在熙宁五年（1072）受命兼提举司天监，以熟悉业务的行政官员身份管理天文事务（宋代司天监首长属于伎术官，罕有除授，多数时候派遣"判司天监事""知司天监事""提举司天监事"的行政官员来管理），算是用其所长。沈括在任时间不长，主要成绩为修订历法、改良仪器和天文观测，具体情况在《梦溪笔谈》中都有反映。

张仙射天狗年画

中国国家图书馆藏。古人以为日食乃是因为天狗吞食，围绕此产生了
种种传说。张仙射天狗即为其中之一。

日月食是常见的天文现象，能否精准预测，是检验历法优劣的一项重要标准。庆历年间，按照当时通行的《崇天历》推算某日将发生月食，荆王府术士李某说有法术可以禳解，依其法操作果然成功避免。荆王深以为神奇，于是报告朝廷，皇帝令内侍盘问究竟。李某如实说，其实并没有什么法术，只是现行历法太粗疏，计算错误而已（原文说"《崇天历》蚀限太弱，此月所蚀，当在浊中"，意思是现行历把月食限定得太宽泛，这次的月食位置在地平线下，所以观察不到）。自己通晓历法，遗憾身份卑微，无处施展才干，只好假借法术，希望由此进入官方机构。于是诏送司天监考察，李某如愿参与体制内的工作。

预测不准的事情肯定发生过多次，朝廷对当时专职天文官员的业务水平也深感忧虑，于是开创性地在内朝另设天文院，筑观天台，天文设备如漏刻、铜浑仪等皆与司天监相同，也负责观察天象和云气。每晨在宫门未开之前将观察结果进呈，待开门后与司天监送来的报告比对，以保证各种吉凶信息准确无误。遗憾这些措施执行久了，最终流于形式。据沈括说，后来天文院与司天监之间暗通信息，一起商量后再报告观星结果，此事竟"习以为常，其来已久，中外具知之，不以为怪"，乃至根本不观测，直接根据历本填写。

司天监积弊已久，天文技术人员的水平与市井之徒无异，对法象图器一无所知，如《宋史·沈括传》形容："日官皆市井庸贩，法象图器，大抵漫不知。"沈括任职时曾想加以纠正，也处理了几个人员，可不久"其弊复如故"（《梦溪笔谈·象数二》），无可奈何之下，只得着手外聘专家来修订历法。

当时有淮南人卫朴精通历算，据说学问与唐代天文学名家僧一行相当，沈括因向神宗举荐："楚州卫朴精于历术，乞令赴监参校新历。"（《续资治通鉴长编》）关于卫朴，史书仅寥寥数语，《梦溪笔谈》载其事迹：

淮南人卫朴精于历术，一行之流也。《春秋》日蚀三十六，诸历通验，密者不过得二十六七，唯一行得二十九，朴乃得三十五，唯庄公十八年一蚀，今古算皆不入蚀法，疑前史误耳。自夏仲康五年癸巳岁至熙宁六年癸丑，凡三千二百一年，书传所载日蚀，凡四百七十五。众历考验，虽各有得失，而朴所得为多。朴能不用算，推古今日月蚀，但口诵乘除，不差一算。凡大历悉是算数，令人就耳一读，即能暗诵，傍通历则纵横诵之。尝令人写历书，写讫，令附耳读之，有差一算者，读至其处，则曰："此误某字。"其精如此。大乘除皆不下照位，运筹如飞，人眼不能逐。人有故移其一算者，朴自上至下，手循一遍，至移算处，则拨正而去。熙宁中撰《奉元历》，以无候簿，未能尽其术。自言得六七而已，然已密于他历。(《梦溪笔谈·技艺》)

沈括没有明说的是，这位历算学家居然有严重的眼疾，苏轼《徐州莲花漏铭》直接称"瞽人卫朴"，张耒《明道杂志》亦载有卫朴轶事：

卫朴，楚州人，病瞽，居北神镇一神祠中。与人语，虽若高阔，而间有深处，类有道者，莫能测。虽病瞽，而说书，遣人读而听之，便达其义，无复遗忘。每算历，布算满案，以手略抚之，人有窃取一算，再抚之即觉。其市物，择其良苦，虽毫厘不可欺。有取其已弃者与之，朴即怒曰："是已尝弃矣。"由是人无能欺，亦莫知何以能若此也。颇言人未来休咎，亦屡中。

卫朴修的《奉元历》于熙宁八年（1075）告成，与前代修历只是简单增省不同，调整变动之处甚多。据沈括说，虽然前人盛赞落下闳的《太初历》，其实《太初历》因为当时尚无岁差的观念而相当粗疏，至唐代开元时僧一行所造《大衍历》才算得上精密，但到熙宁年间，与实际天象也有五十余刻误差，《奉元历》乃改动闰朔，将旧历冬至定在午时改定在子时，旧历闰十二月改为闰正月；如此一来，遭遇的反对也大，沈括描述："是时司天历官皆承世族，隶名食禄，本无知历者，恶朴之术过己，群沮之，屡起大狱。"最后通过校验立冬、立春两日的晷影来作决断，按照旧历立春、立冬两天的晷影长短不一，相差五十余刻，依新历则等长，反对者只好闭嘴（《梦溪笔谈·象数一》）。

直到元丰元年（1078）正月，又比较月食预测，也以新历为正确，于是朝廷下诏说："提举司天监近校月食时分，比《崇天》《明天》二法，已见新历为密。又，前闰正月岁在戊子，今复闰于戊午，恐理亦不谬，宜更不须考究。"（《续资治通鉴长编》）至此《奉元历》才算得到全面肯定。因为这些阻挠，沈括原打算参考五星位置进行校验，再行修订的想法也未能实现，故算不上十分完善，沈括感叹"朴之历术今古未有，为群历人所沮，不能尽其艺，惜哉"。或许正是因为这一些曲折，沈括不愿意刻意突出卫朴的视力障碍，以免给反对者增添口实。

传统历为阴阳合历，但朔望月与回归年都有奇零，互除不尽，虽然用置闰的办法来矫正，积久仍有误差；《奉元历》也不例外，到元祐五年（1090）历法显示的冬至日竟比真实值晚了一天，于是朝廷另造新历，即《观天历》（《建炎以来朝野杂记》云："哲宗皇帝元祐五年十一月癸未冬至，验景（影）长之日乃在壬午，遂改造新历，赐名《观天》"）。

沈括十分了解传统历法的弊端，晚年大胆地提出一项取消闰月，以气定月，十二气为一年，即放弃阴历"十二月"，代之以阳历"十二气"的历法设想。具体言之，即取二十四节气的立春为孟春第一日、惊蛰为仲春第一日、清明为季春第一日，以此类推，至立冬为孟冬第一日、大雪为仲冬第一日、小寒为季冬第一日，每月三十或三十一日间隔，"大尽三十一日，小尽三十日，岁岁齐尽，永无闰余"。这样的一年十二月，优点是"四时之气常正，岁政不相陵夺"，日月五星运行的算法完全照旧，不受影响；至于与月亮盈亏有关的事情，比如海洋潮汐、胎产孕育（古人认为月经、妊娠都与月相有关），毕竟不与四季关联，只需在新历中加以说明就可以了。沈括设想的十二气历除了一年开始的时间与今天通行的公历不同（公历岁首为罗马皇帝规定）以外，大月小月安排等都基本一致，而立节气为岁首，更符合农业生产的需要。但在尊经崇古的年代，十二气历自然不可能获得流通，甚至遭遇恶评，被斥为"徒骋臆知而不合经义"（阮元《畴人传》）。其实当年沈括自己也意识到，"今此历论，尤当取怪怨攻骂"，但同时自信地表示："然异时必有用余之说者。"（《补笔谈·象数》）1912 年公历成为通行历法，证明了沈括的远见。

沈括也亲自进行天文观测，《梦溪笔谈》载有他在修历期间为了确定北极星的位置使用浑仪的情况：

汉以前皆以北辰居天中，故谓之极星，自祖暅以玑衡考验天极不动处，乃在极星之末犹一度有余。熙宁中，余受诏典领历官，杂考星历，以玑衡求极星。初夜在窥管中，少时复出，以此知窥管小，不能容极星游转，乃稍稍展窥管候之。凡历三月，极星方游于窥管之内，常见不隐，然后知天极不动处，远极星犹三度有余。每极星入窥管，别画为一图。图为一圆规，乃画极星于规中。具初夜、中夜、后夜所见各图之，凡为二百余图，极星方常循圆规之内，夜夜不差。（《梦溪笔谈·象数一》）

"窥管"是浑仪上的观测管，北极星绕北天极旋转，当时浑仪上的窥管视场小，不能完整观察北极星运行的全过程，于是沈括将窥管扩大。为了取得准确数据，每天分别在初入夜、夜半、下半夜绘图，通过连续三个月的观测，绘制两百余张星图，得出极星距北天极三度许的结论。

玉衡图

《讲武全书》，明崇祯修德堂刊本。图中斜置者为窥管。

观天象、定历法都需要精密观测，必须提高仪器的准确性，为此沈括上《浑仪议》《景表议》《浮漏议》三议，提出改良天文仪器的建议。浑仪是天象观测工具，沈括根据使用的实际需要，增大观测窥管口径，取消意义不大且阻挡视线的白道环；景表即圭表，是根据正午日影长度来定义时间、判断季节的设备，因为光的折射会产生蒙气差，从而影响准确度，沈括改用三只独立铜表同时测定，

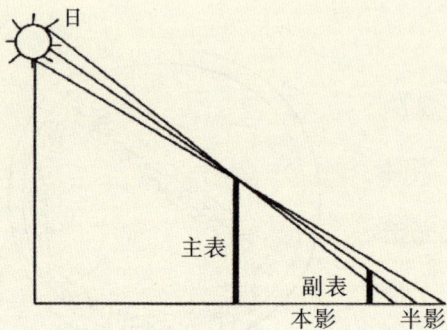

沈括主副表测影示意图

《量天度地衡万物：中国计量简史》

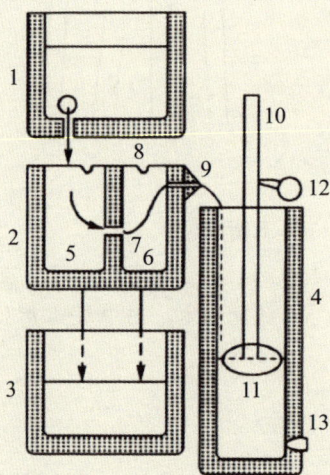

（a）漏刻示意图

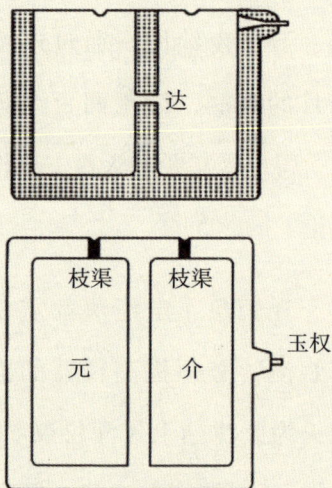

（b）复壶示意图

1.求壶　2.复壶　3.废壶　4.建壶　5.元（甲壶）　6.介（乙壶）　7.达（小孔）
8.枝渠　9.玉权（流出水嘴）　10.箭　11.镣铇　12.刻度　13.执窒（堵出水塞）

沈括浮漏结构示意图

《量天度地衡万物：中国计量简史》

根据三表的影差算出准确的时间；浮漏是计量时间的仪器，沈括将浮漏的铜管改为玉壶嘴，使水流更为舒缓。改良后的浑仪、铜表、浮漏等于熙宁七年（1074）制作完成，安置在翰林天文院。沈括著有《熙宁晷漏》四卷，专门讨论浮漏和圭表，此书失传，所幸《梦溪笔谈·象数一》有长篇文字讨论浮漏，结合保存在《宋史·天文志》中的《浮漏议》，现代研究者已成功复原沈括设计的浮漏。

2　数学物理

沈括涉及自然科学领域甚广，但就学术旨趣来说，更偏于现代意义上的工科学问，在数学学科更重视与工程技术关系密切的应用数学，在物理学科则表现为现象描述较多，原理探索较少。

《梦溪笔谈》最为后人称道的数学成就是"隙积术"与"会圆术"，沈括说：

算术求积尺之法，如刍萌、刍童、方池、冥谷、堑堵、鳖臑、圆锥、阳马之类，物形备矣，独未有"隙积"一术。古法，凡算方积之物，有"立方"，谓六幂皆方者，其法再自乘则得之。有"堑堵"，谓如土墙者，两边杀、两头齐；其法并上下广折半以为之广，以直高乘之；又以直高以勾，以上广减下广，余者为股，勾股乘弦以为斜高。有"刍童"，谓如覆斗者，四面皆杀；其法倍上长加入下长，以上广乘之，倍下长加入上长，以下广乘之，并二位，以高乘之，六而一。

"隙积"者，谓积之有隙者，如累棋、层坛及酒家积罂之类。虽似覆斗，四面皆杀，缘有刻缺及虚隙之处，用刍童法求之，常失于数少。余思而得之，用刍童法为上行、下行，别列下广，以上广减之，余者以高乘之，六而一，并入上行。（假令积罂，最上行纵横各二罂，最下行各十二罂，行行相次。先以上二行相次，率至十二，当十一行也。以刍童法求之，倍上行长得四，并入下长得十六，以上广乘之得三十二，又倍下长得二十四，并入上长得二十六，以下广乘之得三百一十二，并二位得三百四十四，以高乘之得三千七百八十四。重列下广十二，以上广减之余十，以高乘之得一百一十，并入上行得三千八百九十四，六而一得六百四十九，此为罂数也。"刍童"求见实方之积，"隙积"求见合角不尽，益出羡积也）

　　履亩之法，方圆曲直尽矣，未有"会圆"之术。凡圆田，既能析之，须使会之复圆。古法惟以中破圆法析之，其失有及三倍者。余别为"析会"之术，置圆田，径半之以为弦，又以半径减去所割数，余者为股，各自乘，以股除弦，余者开方除为勾，倍之为割田之直径，以所割之数自乘，退一位倍之，又以圆径除所得，加入直径，为割田之弧。再割亦如之，减去已割之数，则再割之数也。（假令有圆田，径十步，欲割二步。以半径为弦，五步自乘得二十五；又以半径减去所割二步，余三步为股，自乘得九；用减弦外，有十六，开平方，除得四步为勾，倍之为所割直径。以所割之数二步自乘为四，倍之得为八，退上一位为四尺，以圆径除。今圆径十，已足盈数，无可除。只用四尺加入直径，为所割之弧，凡得圆径八步四尺也。再割亦依此法。如圆径二十步求弧数，则当折半，乃所谓以圆径除之也）此二类皆造微之术，古书所不到者，漫志于此。（《梦溪笔谈·技艺》）

　　古代求算体积的方法，不同形状各有计算公式，如"立方"为正方体，体积是边长的立方；"堑堵"是两底面为直角三角形的直三棱柱，可视为长方体斜切开之一半，即二分之一立方体体积；"刍童"为上下底都是矩形的棱台体，也有公式可以计算体积。这些在前代数学书如《九章算术》中都有介绍，沈括提出一种情况，比如层叠堆积的酒坛，虽然总体看如棱台，因为坛与坛之间的空隙，按刍童法公式求体积显然不准确，则可以采用隙积术。

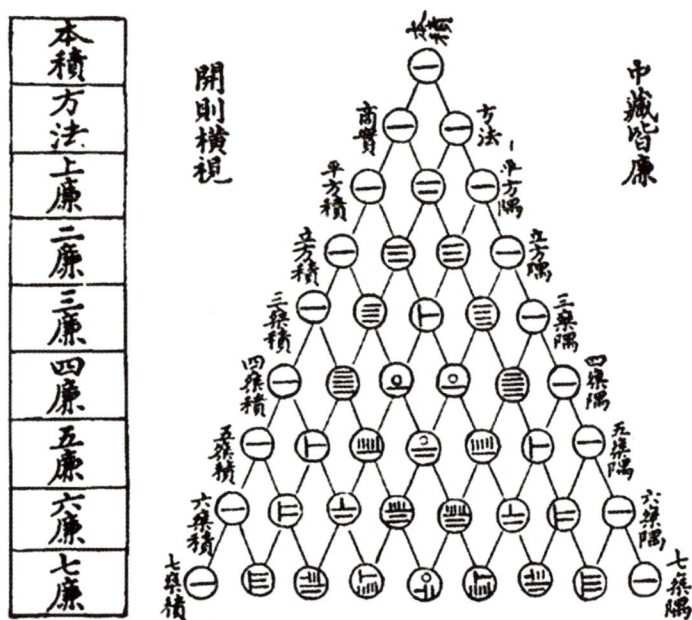

垛积术示意图

（元）朱世杰《四元玉鉴》。垛积术乃宋元数学家据沈括的隙积术发展而来。

　　具体举例，假设最上层长宽各 2 只坛子，最下层长宽各 12 只坛子，相邻层长宽各相差 1 只坛子，如此是 11 层的台子。设每个坛子体积为 1，用刍童法公式 $V=n/6〔a（2b+B）+A（2B+b）〕$（其中 a 是上底宽，b 是上底长，A 是下底宽，B 是下底长，n 为层数，V 表示体积），结果为 3 784/6，不能整除，显然不合理。于是引入修正项 $n/6（B-b）$，完整公式为：坛子数 $S=n/6〔a（2b+B）+A（2B+b）+（B-b）〕$，计算等于 649，与实际情况符合。沈括以体积公式为基础，把不连续的个体累积数化为连续整体数值来求解，宋元数学家受此启发，进行高阶等差级数运算，并引申出"垛积术"。

　　会圆术是平面几何问题，已知圆的直径和弓形的高，求弓形的弦和弧长。用现代几何语言描述，即 AB 是以 O 为圆心，OA 为半径的圆弧，C 是 AB 中点，D 在 AB 上，$CD \perp AB$。弦 AB 长度可用勾股定理求算：$AB=2\sqrt{OA^2-（OA-CD）^2}$；沈括还给出 AB 弧长 s 的近似计算公式 $s \approx AB+\dfrac{CD^2}{OA}$。具体举例，圆形田亩，直径 10 步，割出圆弧

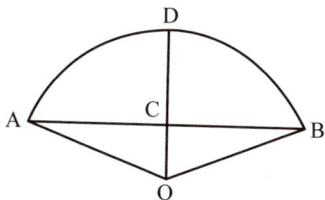

会圆术示意图

高 2 步，即半径 $OA=5$，$CD=2$，代入公式求得弦 AB 长为 8 步；再代入公式估算 AB 弧长 s 为 8.8 步（一步为五尺，所以沈括说"得圆径八步四尺"）。

沈括看重数学的实用性，有论云："算术不患多学，见简即用，见繁即变，不胶一法，乃为通术也。"（《梦溪笔谈·技艺》）比如隙积术可能来源于工程建设中处理堆积材料的数量问题（即通常所言的"垛积问题"），而会圆术虽然举例用的是田亩，真正使用之处则是天文计算，后来郭守敬作《授时历》计算黄道积度，就用到此公式。

运筹学是主要建立在应用数学基础上的现代管理学科，出现时间虽晚，而运筹观念则早已有之，除了耳熟能详的田忌赛马案例外，《梦溪笔谈》载丁谓故事也被经常提起。大中祥符年间大内失火，丁谓受命修复重建，需要大量土方，乃让工人直接在路上取土，不久便形成壕沟，趁机引汴河水，于是大型建材通过水路运送到工地，待修建工程告竣，再用建渣废土回填，恢复街衢通畅。沈括赞扬说："一举而三役济，计省费以亿万计。"（《补笔谈·权智》）

（元）佚名《三星围棋图》局部

日本根津美术馆藏

　　沈括多次负责工程和战备物资的管理调度，对运筹之事也了然于胸。他巧妙利用指数运算，计算得围棋共有 3^{361} 种变局，并说："千变万化，不出此数，棋之局尽矣。"（《梦溪笔谈·技艺》）计算棋局并不仅仅是数学家的无聊"练手"，亦含有了解一切可能性、便于掌控全局的思想，当然也可视为晚近"计算机棋手"的滥觞。

对于运送军粮策略问题的讨论，更能体现沈括的运筹思想。所谓"兵马未动，粮草先行"，后勤供给是克敌制胜的重要保障，人力运输必须考虑劳工自身的粮食消耗，沈括对此有详细计算。以每个劳工背负六斗米，且每个士兵自带五天干粮，每人每天消耗两升计，一个工供应一个兵，单程可维持十八天，若考虑回程则只能供应九天。若两个工供应一个兵，共携米一石二斗，如果合理调配，单程最多可维持二十六天，具体方案是：三人每天共吃六升，八天后一个工所负的米已吃完，给六天口粮让他返回；此后两人每天四升，外加兵所带干粮，能维持十八天；如考虑回程只能维持十三天，前八天同前操作，后五天需将回程计算在内，每天共吃四升，加上干粮消耗。若三个工供应一个兵，共携米一石八斗，单程最多可维持三十一天，具体方案是：前六天半，四人每天共吃八升，遣返一个工给四天口粮；中间七天，三人每天共吃六升，再遣返一个工给九天口粮；后十八天，两人每天共吃四升，外加干粮。如果考虑回程只能供应十六天，前六天半，每天共吃八升；中间七天，每天共吃六升，后两天半包括回程，每天共吃四升，外加干粮。沈括总结说："以三个工供应一个兵已经是极限，如果出动十万人马，就需要用三十万劳工运粮，欲再有所增加，几乎不可能了。"

不仅有完整的运筹方案，沈括对运力数据还有补充说明：每个工负米六斗是按总数平均计算而来，因为队长不背，伙夫只背一半，多出来的都摊给其他劳工背，再加上死亡疾病等因素，每个工实际背负不止六斗。又谈到使用牲口运输的情况，认为与人力运输相比虽然负重多而花费少，但战争中往往不能按时喂草放牧，牲口死亡率高，一头牲口死掉，所驮的粮食也一起抛弃，与人力运输相比利弊各半（《梦溪笔谈·官政一》）。沈括的这段说明不仅为了显示严谨，更在于强调劳工人均负重和士兵日均消耗已经达到极限，以免管理者看到这些数据出现误判。

《梦溪笔谈》中的物理学问题，以声、光、磁领域某些现象的观察记录为主。沈括精通乐理，故对声学现象也有较为深入的观察，比如多处提到同声相应的共振现象。说友人家藏一件琵琶，当管乐器奏双调时，放在空屋子中的琵琶自动发声相和，其他调则寂然无声，因此珍贵无比，其实"殊不知此乃常理"（《梦溪笔谈·乐律二》）。还设计小实验，让声音共振直观化："欲知其应者，先调诸弦令声和，乃剪纸人加弦上，鼓其应弦，则纸人跃，他弦即不动。声律高下苟同，虽在他琴鼓之，应弦亦震。"（《补笔谈·乐律》）并将这一原理应用于侦察敌情，说行军时用牛皮箭囊作枕头，能听到远处人马动静（《梦溪笔谈·器用》）。

凹面镜聚光取火，古人称作"阳燧"，沈括此段论述，代表他对光学问题的思考：

> 阳燧照物皆倒，中间有碍故也，算家谓之"格术"，如人摇橹，臬为之碍故也。若鸢飞空中，其影随鸢而移，或中间为窗隙所束，则影与鸢遂相违，鸢东则影西，鸢西则影东。又如窗隙中楼塔之影，中间为窗所束，亦皆倒垂，与阳燧一也。阳燧面洼，以一指迫而照之则正；渐远则无所见；过此遂倒。其无所见处，正如窗隙、橹臬、腰鼓碍之，本末相格，遂成摇橹之势。故举手则影愈下，下手则影愈上，此其可见。（阳燧面洼，向日照之，光皆聚向内。离镜一二寸，光聚为一点，大如麻菽，著物则火发，此则腰鼓最细处也）（《梦溪笔谈·辨证一》）

沈括所言的"碍"，是凹面镜的焦点，物体位于焦点以内，成正立虚像；焦点处不能成像；位于焦点以外者，则成倒立实像。为了阐明此道理，沈括用飞鸢作比喻，鸢在天上飞，影子随之而动，但透过窗户小孔穴映出来的影子，则与鸢飞的方向相反；又举楼塔的影子透过窗隙，也呈倒置状态；后两者都是光学上著名的"小孔成像"现象。

这段话中出现"格术"一词，具体意思不详，后人将之理解为光学理论，清代学者邹伯奇（1819—1869）因撰《格术补》，专门讨论几何光学问题，陈沣作序，称此书根据《梦溪笔谈》之说，通过"观日月之光影，推求数理，穷极微眇，而知西洋制镜之法，皆出于此，乃为书一卷，以补古算家之术"（《清史稿·邹伯奇传》）。

透光镜由汉代工匠发明，除了普通的镜子功能，当光线照在镜面上，镜背雕镂的图案文字会投射出来。这一神奇的铸造工艺在唐以后接近失传，沈括家藏透光镜数品，他描述说："世有透光鉴，鉴背有铭文凡二十字，字极古，莫能读。以鉴承日光，则背文及二十字皆

西汉"见日之光"透光镜

河南博物院藏

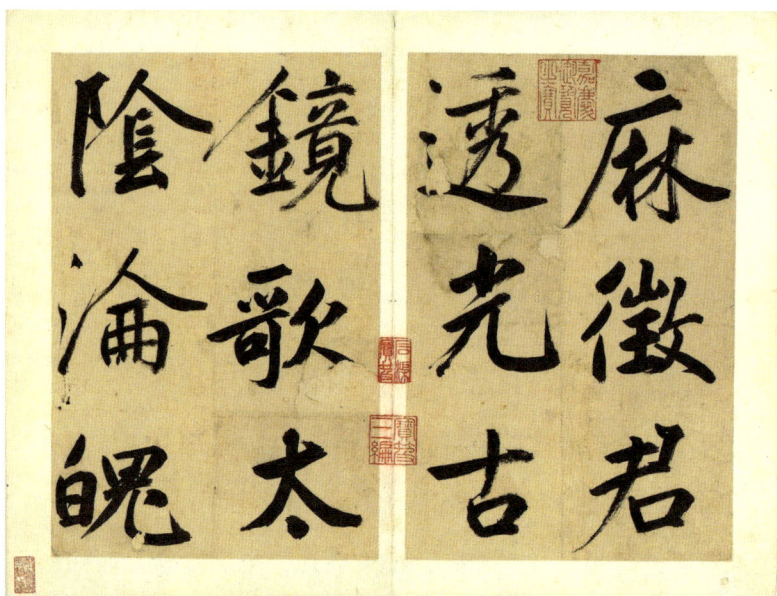

（元）鲜于枢《麻徵君透光古镜歌》局部

台北故宫博物院藏。鲜于枢乃元朝书法大家，此帖为书金人麻九畴《赋伯玉透光诗》。

透在屋壁上，了了分明。"又说有人研究铸造原理，指出镜背有图案，故厚薄不均，在冷却环节，铜薄的地方先冷而铜厚的地方后冷，通过收缩挤压，遂在镜面上留下隐约痕迹，沈括基本认同此说法（《梦溪笔谈·器用》）。

而后世大都不接受此解释，比如元初周密《癸辛杂识》谓沈括"其说亦穿凿"，吾丘衍也斥沈括"不得其说"，认为制作时镜面如镜背同样雕刻，然后填之以铜并涂铅磨平，有日光照射，则"光随其铜之清浊分明暗"，并信誓旦旦地说，某人家藏透光镜坠地破碎，从痕迹来看，"果不出所度"云云（《闲居录》）。后人大多附和吾丘衍的看法，直到 1970 年代科学家进行模拟实验，无须在镜面雕琢，直接通过淬火、研磨工艺成功制成透光镜。后续研究肯定，制作镜体的合金在浇注结晶过程中，会因厚度不同而形成不同的金相结构，其硬度值不同，致使打磨镜面时出现曲率，从而产生透光效应。由此看来，沈括将透光原理归于镜背纹饰的厚薄差异，最接近真相。

古人早已知道磁石指南，并用来制作如"指南车""司南"等指示方位的工具，《梦溪笔谈》也有一条涉及磁石指南，文字不长，其中几处细节引起科学史家的广泛兴趣：

方家以磁石磨针锋，则能指南，然常微偏东，不全南也。水浮多荡摇，指爪及碗唇上皆可为之，运转尤速，但坚滑易坠，不若缕悬为最善。其法，取新纩中独茧缕，以芥子许蜡缀于针腰，无风处悬之，则针常指南。其中有磨而指北者。余家指南、北者皆有之。磁石之指南，犹柏之指西，莫可原其理。

（《梦溪笔谈·杂志一》）

南宋张仙人俑

江西抚州宋墓出土，仙人手中持有罗盘。

一是关于磁偏角的记载，地磁南北极与地理南北极之间并不重合，所以指南针的指向与正南之间存在夹角，即磁偏角，中国绝大多数地区的磁偏角为北偏西，即沈括所言"常微偏东，不全南"。最早观察到磁偏角现象的可能是讲究风水的堪舆家，宋仁宗时代著作《茔原总录》已经提到使用指向恒定的"丙午针"，说："取丙午壬子之间是天地中，得南北之正也。"以午为正南，丙是南偏东方位，稍晚于沈括的北宋寇宗奭在《本草衍义》中引用《梦溪笔谈》的这段话，并解释说："以针横贯灯心，浮水上，亦指南，然常偏丙位。盖丙为大火，庚辛金受其制，故如是，物理相感尔。"故沈括只是磁偏角现象的记录者之一，誉为"发现者"可能不够严谨。

二是指南针的制作，当时人工磁化有两种方法，沈括介绍的是摩擦法，使用天然磁体摩擦针锋，磁体的磁性使针内分子得到规则排列，从而获得磁性。另一种是地磁法，如《武经总要》制作"指南鱼"，将剪成鱼形的小铁片烧红，让鱼尾正对着北方，稍向下倾斜，浸入水盆中淬火，使用时

水浮法指南针（模型）

由王振铎先生据《梦溪笔谈》《本草衍义》的记载复原。

平漂水面，鱼头自然指向南方。原理是铁片高温状态下贴片内无序分布的磁畴瓦解成顺磁体，然后顺着地球磁力线方向出炉并急剧冷却，使已磁按一定方向重新排列的畴固定下来，于是获得磁性。

沈括还介绍了多种指南针安置方式，如浮在水面、放在指甲或碗边沿，认为用丝线悬挂的指向效果最理想，但实际都不是很稳定，寇宗奭补充的"以针横贯灯心浮水上"，借助灯芯草的浮力让磁针漂浮，应该更加可行。至于沈括说"其中有磨而指北者"，乃是针尖磁化为南极，即能指向北方。

3　地质地理

传统地学源自儒家"仰以观于天文，俯以察于地理"（《易·系辞上》）的思想，包括地质学、自然地理学、矿产资源学、地图学、气象学等多方面内容，在《梦溪笔谈》中都有涉及。

"沧海桑田"出自葛洪《神仙传》，女仙麻姑自说"亲见东海三变桑田"，后来遂成为形容世代更替的成语，宋诗"世间兴废奔如电，沧海桑田几回变"（汪元量《夷山醉歌》），说的就是此意。"沧海桑田"其实是地质学上对陵谷变迁的客观描述，颜真卿为抚州麻姑仙坛撰书碑文，说到"东北有石崇观，高石中犹有螺蚌壳，或以为桑田所变"，即为地质状态的真实写照。

熙宁七年（1074）沈括察访河北西路，沿太行山北行，观察到山崖中往往夹杂有螺蚌壳和卵形砾石，在岩层中呈带状分布，于是设想此地远古应该是海滨，如今距海岸却有千里之遥；再联系"尧殛鲧于羽山"的传说，故老相传羽山在东海中，而今则在内陆，应该也是同样的原因；故推测华北平原是由黄河、漳河、滹沱河等带来的泥沙淤积沉淀而成。沈括还打开思路，注意到关陕以西的河流，每年夹杂泥沙东流，也会在下游沉积，形成广袤的大陆。这篇以"此理必然"结束的小文（《梦溪笔谈·杂志一》），对华北大平原成因给出了

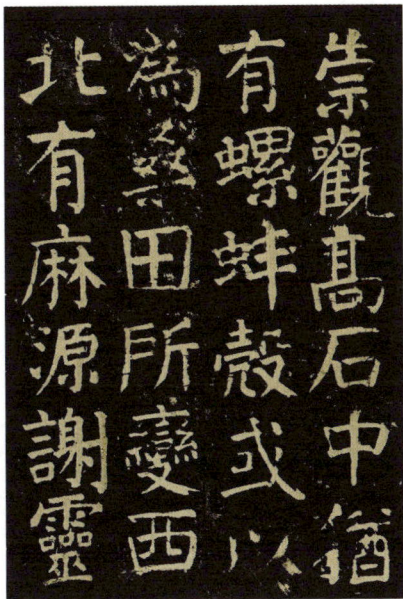

（唐）颜真卿《麻姑仙坛记》拓本局部

这是颜真卿担任抚州刺史时为南城县麻姑山麻姑仙坛撰书的碑记，书法也是颜体代表作之一。

最早的科学解释。后来朱熹说："今高山上多有石上蛎壳之类，是低处成高。又蛎须生于泥沙中，今乃在石上，则是柔化为刚。天地变迁，何常之有。"（《朱子语类》）即受沈括议论的影响，而作理学方面的引申。

化石也是沧海桑田的证据，延州（今陕西延安）黄河岸崩塌，掩埋在深土中的竹笋样化石群暴露出来，"凡数百茎，根干相连，悉化为石"。由此引发沈括的思考，如婺州（今浙江金华）经常有松石、蛇蟹之类的化石出土，但这些都是当地固有物种，所以也算不上奇怪，而延州地处黄土高原，少雨干燥，并不适合竹类的生长，竹笋化石居然在土层中出现，"特可异耳"，于是推测"无乃旷古以前，地卑气湿而宜竹耶"（《梦溪笔谈·异事》）。尽管古生物学家判断，沈括提到的竹笋化石更可能是三叠纪时代的蕨类植物新芦木，但他由古生物推测远古气候变迁的思路正确无误。

新芦木化石

国家自然博物馆藏

沈括对传统地学有浓厚兴趣，无论是外交出访、公务考察，还是休闲旅游，对战略要冲、山势地形、风景名胜无不留心。沈括曾奉旨出使辽国，一路观察山川险要，搜集风俗民情，撰成

《使契丹图抄》进呈，可能因关涉机密，在晚年笔记中着墨不多。雁荡山在今浙江乐清市境，沈括受命察访两浙农田水利时曾有机会游览，不仅在龙鼻洞等处留下了题名，《梦溪笔谈》中还有一篇"科考报告"：

雁荡山灵岩龙鼻洞沈括题名（郭欣先生提供）

（唐末五代）贯休（传）《诺矩罗尊者》

日本高台寺藏。贯休是禅僧，精通诗画，尤其擅绘罗汉，此诺矩罗尊者是十六罗汉图中的一尊。

温州雁荡山天下奇秀。然自古图牒未尝有言者。祥符中因造玉清宫，伐山取材，方有人见之，此时尚未有名。按西域书，阿罗汉诺矩罗居震旦东南大海际雁荡山芙蓉峰龙湫，唐僧贯休为《诺矩罗赞》，有"雁荡经行云漠漠，龙湫宴坐雨蒙蒙"之句。此山南有芙蓉峰，峰下有芙蓉驿，前瞰大海，然未知雁荡、龙湫所在。后因伐木始见此山，山顶有大池，相传为雁荡；下有二潭水，以为龙湫。又有经行峡、归坐峰，皆后人以贯休诗名之也。谢灵运为永嘉守，凡永嘉山水游历殆遍，独不言此山，盖当时未有雁荡之名。

余观雁荡诸峰，皆峭拔险怪，上耸千尺，穹崖巨谷，不类他山；皆包在诸谷中，自岭外望之都无所见，至谷中则森然干霄。原其理，当是为谷中大水冲激，沙土尽去，唯巨石岿然挺立耳。如大小龙湫、水帘、初月谷之类，皆是水凿之穴，自下望之则高岩峭壁，从上观之适与地平，以至诸峰之顶，亦低于山顶之地面，世间沟壑中水凿之处，皆有植土龛岩，亦此类耳。今成皋、陕西大涧中，立土动及百尺，迥然耸立，亦雁荡具体而微者，但此土彼石耳。既非挺出地上，则为深谷林莽所蔽，故古人未见，灵运所不至，理不足怪也。（《梦溪笔谈·杂志一》）

沈括推测雁荡山的地质成因是水力冲刷，就大方向而言，符合今天地质学的基本认识（雁荡山属于火山岩地貌发育的典型，早期火山喷发形成较厚的流纹岩层，随时间推移断裂、垂直节理，受流水侵蚀而形成大量沟谷，沟谷两侧岩壁继续受流水侵蚀，加上重力崩塌作用，最终形成崖嶂）。有意思的是，在讨论沧海桑田和雁荡奇观时，沈括都旁及黄土高原的情况，这些信息应该是他元丰三年（1080）担任鄜延路经略安抚使以后获得，晚年作文，

（明）叶澄《雁荡山图》

故宫博物院藏。此图乃山水长卷，写状北雁荡景色，观览者如身临其境，不啻卧游。

乃将之整合在一起，形成明确见解。从文学的角度，这篇也是优秀散文，从雁荡山晚近（大中祥符年间）才被外界所知说起，谓此山被附会为诸矩罗阿罗汉修行之处，因此得名。然后以好游名山且曾任职此地的谢灵运未曾到过，引出对山水美景的描述，再通过解释"自岭外望之都无所见"的成因，转回到"古人未见，灵运所不至，理不足怪也"，戛然而止。起承转合流畅自如，不愧为《梦溪笔谈》之第一美文。

二十四桥是扬州景观，因杜牧"二十四桥明月夜，玉人何处教吹箫"而驰名千古，但究竟是哪二十四座桥，或者特指以"二十四"为名的某一座桥（今天扬州瘦西湖中即有一座二十四桥，据梁章钜《浪迹丛谈》说："或谓二十四桥只是一桥，即在今孟玉生山人毓森所居宅旁。玉生尝导余步行往观，桥榜上有陶文毅公

题'二十四桥'大字，询之左近建隆寺、双树庵僧人，俱未敢以为信。"），说者不一。沈括晚年定居润州，江对岸就是扬州，《梦溪笔谈》也是最早罗列"二十四桥"名的文献：

扬州在唐时最为富盛，旧城南北十五里一百一十步，东西七里十三步，可纪者有二十四桥。最西浊河茶园桥，次东大明桥（今大明寺前），入西水门有九曲桥（今建隆寺前），次东正当帅牙南门有下马桥，又东作坊桥，桥东河转向南有洗马桥，次南桥（见在今州城北门外），又南阿师桥、周家桥（今此处为城北门）、小市桥（今存）、广济桥（今存）、新桥、开明桥（今存）、顾家桥、通泗桥（今存）、太平桥（今存）、利园桥，出南水门有万岁桥（今存）、青园桥，自驿桥北河流东出有参佐桥（今开元寺前），次东水门（今有新桥，非古迹也），东出有山光桥（见在今山光寺前）。又自衙门下马桥直南，有北三桥、中三桥、南三桥，号九桥，不通船，不在二十四桥之数，皆在今州城西门

（清）袁耀《山水四条屏》之"平流涌瀑"

故宫博物院藏。图中描绘扬州瘦西湖的景色。

之外。(《补笔谈·杂志》)

宋代虽然是农耕社会，以盐铁为代表的矿业经济对国家财政的影响也不容小觑，沈括曾权三司使，对此自然深有体会，《梦溪笔谈》中有关盐、铜、铁等矿产的条目甚多（在各类矿产资源中，沈括对盐的关注度最高，已在上编"典章制度"标题下讨论，此处不再重复），代表他对此问题的关注，不妨从现代读者关注度最大的石油话题说起。沈括说：

鄜延境内有石油，旧说"高奴县出脂水"，即此也。生于水际，沙石与泉水相杂，惘惘而出，土人以雉尾裛之，乃采入缶中。颇似淳漆，然之如麻，但烟甚浓，所沾幄幕皆黑。余疑其烟可用，试扫其煤以为墨，黑光如漆，松墨不及也，遂大为之，其识文为"延川石液"者是也。此物后必大行于世，自余始为之。盖石油至多，生于地中无穷，不若松木有时而竭。今齐鲁间松林尽矣，渐至太行、京西、江南，松山大半皆童矣，造煤人盖未知石烟之利也。石炭烟亦大，墨人衣。余戏为《延州诗》云：二郎山下雪纷纷，旋卓穹庐学塞人。化尽素衣冬未老，石烟多似洛阳尘。(《梦溪笔谈·杂志一》)

沈括所言"石油"，与今天科学概念的"原油"等义，但沈括既不是石油的发现者，甚至也不是最早记录者。据《汉书·地理志》颜师古注"（高奴）有洧水，可燃"，即石油。后来《续汉书·郡国志》"酒泉郡延寿县"条注引《博物志》云："县南有山，石出泉水，大如筥篷，注地为沟。其水有肥，如煮肉泪，羕羕永永，如不凝膏，然之极明，不可食。县人谓之石漆。"唐人段成式《酉阳杂俎》卷十云："石漆，高奴县石脂水，水腻浮水上如漆，采以膏车及燃灯，极明。"唐代陈藏器以"石漆"为名载入《本草拾遗》，宋代《嘉祐本草》收载的"石脑油"也是此物。《梦溪笔谈》因为一句"此物后必大行于世"受到追捧，但考索上下文，完全是对自己以石油烧烟制墨的发明沾沾自喜，并没有、事实上也不可能预言石油在

《本草品汇精要》石脑油图

现代社会的重要价值。沈括这句无心之论，大可赞叹其巧合，却不必标榜为具有先见之明的远见卓识。

相对于当时尚未能大行于世的石油，铜是更重要的矿产资源，信州铅山（今江西上饶）出铜，沈括说："信州铅山县有苦泉，流以为涧。挹其水熬之，则成胆矾。烹胆矾则成铜，熬胆矾铁釜，久之亦化为铜。水能为铜，物之变化固不可测。"（《梦溪笔谈·杂志二》）

铅山铜矿主要是硫酸铜，溶解在地下水中成为胆水，即所谓"苦泉"。沈括记录的是熬煮胆水，超饱和后得到胆矾（$CuSO_4 \cdot 5H_2O$）结晶，然后再用来炼铜。因为使用铁器，通过置换反应有单质铜析出，故反应釜"久之亦化为铜"。其间的化学变化，沈括不能深究，仅用"物之变化固不可测"八字一笔带过，当地人士则

《本草品汇精要》信州石胆图

由这一现象发明更加经济的"水法炼铜"。

《舆地纪胜》江南东路信州景物"胆水"项下说:"在铅山。自昔无之,始因饶州布衣张甲献言可用胆水浸铁为铜。绍圣元年,始令本州岛差厢军兴浸,其利渐兴。今淋铜之所二百四槽,岁浸铜八万九千斤。"张甲发明的"浸铜之法"载于《宋史·食货志》:"以生铁锻成薄片,排置胆水槽中浸渍数日,铁片为胆水所薄,上生赤煤,取刮铁煤入炉,三炼成铜。大率用铁二斤四两,得铜一斤。饶州兴利场、信州铅山场各有岁额,所谓胆铜也。"

地形测绘关乎国计民生,也是军事科学的一部分,沈括母舅许洞《虎钤经》中已有若干测量高度、距离的法门,沈括更将之发挥得淋漓尽致。汴渠是沟通黄河和淮河的骨干运河,当时已有二十年未疏浚,河床淤塞,"京城东水门下至雍丘、襄邑,河底皆高出堤外平地一丈二尺余,自汴堤下瞰,民居如在深谷"。沈括于熙宁五年(1072)奉命勘察汴渠,采用分段临时筑堰,用水平尺与罗盘针等仪器测出堰内外水面差,再逐段叠加汇总的方法,测量从京城上善门到泗州淮河口的准确距离为八百四十里一百三十步,相对高程为十九丈四尺八寸六分,并

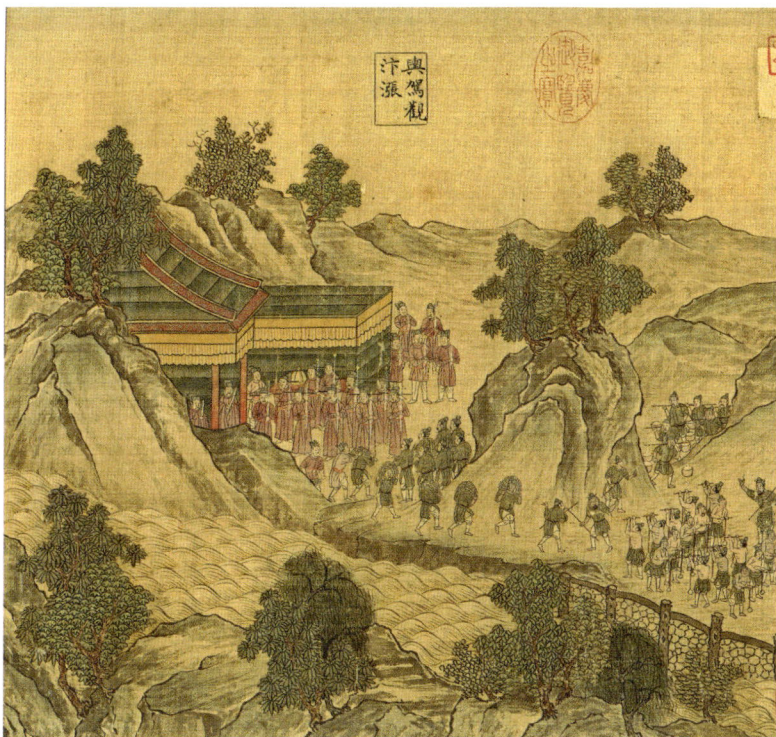

（北宋）佚名《景德四图》之"舆驾观汴涨"

故宫博物院藏。图中宋真宗亲巡汴河河堤的修整。

于"京城东数里渠心穿井，至三丈方见旧底"，以验证汴渠的堆积厚度（《梦溪笔谈·杂志》）。

竺可桢对这一工作高度评价："（沈括之测量）不但为平面测量，而且为地形测量。其量地面高下之法，虽不尽善，但苟所筑之堰极为平直，当不致有大差误。其所用之尺虽未必精密，但计高度至于分寸，可见其行事之不苟且。欧洲古代，希腊虽曾测海岸之远近，罗马盛时亦有测量街道之举，但地形测量在括以前则未之闻。"

测绘为制作精准地图奠定基础，沈括出使辽国归来，将山川地势用木屑和熔蜡作成立体模型进呈，颇受神宗表扬，下令边疆州郡推广（《续资治通鉴长编》）。其制作之巧妙，详载于《梦溪笔谈·杂志二》："余奉使按边，始为木图，写其山川道路。其初遍履山川，旋以面糊木屑写其形势于木屑上。未几寒冻，木屑不可为，又镕（熔）蜡为之。皆欲其轻，易赍故也。至官所，则以木刻上之。上召辅臣同观。乃诏边州皆为木图，藏于内府。"

因为地图学上的成就，沈括在熙宁九年（1076）受命编绘天下郡县图，历时十二年，经历崎岖，终克完成，并于元祐三年（1088）进献。沈括说："遍稽宇内之书，参更四方之论。该备六体，略稽前世之旧闻；离合九州，兼收古人之余意。四海可以隃度，率土聚于此书。"（《长兴集·进守令图表》）这套地图包括大图一轴，高一丈二尺，宽一丈，比例尺约为1∶40万，另有一幅较小比例尺的全图，以及当时各路图十八幅。此套图南宋尚存，后则失传，或认为今天西安碑林和镇江焦山碑林中的《禹迹图》就是沈括《守令图》中的那幅小图。沈括在《梦

《禹迹图》拓本

陕西西安碑林藏

溪笔谈》中总结《守令图》的制作经验，并自信地表示："使后世图虽亡，得余此书，按二十四至以布郡县，立可成图，毫发无差矣。"（《补笔谈·杂志》）

《梦溪笔谈》还记有若干如地震、陨石、海市蜃楼、虹霓、雷电、飓风等属于气象学、地质学方面的内容。反常现象足资谈助，在笔记著作中也属常见题材，但跟异常天象一样，在讲求"天人感应"的时代，气象灾害同样也可引申出政治方面的联想，所以沈括将这类题材主要安排在"神奇"和"异事"门类，若属于"吉兆"，一般会发表意见，比如记河州（今甘肃临夏回族自治州）大冰雹，"悉如人头，耳目口鼻皆具，无异镌刻"，然后说占验："次年王师平河州，蕃戎授首者甚众，岂克胜之符预告邪。"（《梦溪笔谈·异事》）意思是老天爷以冰雹预告敌军"送人头"。

而对"凶兆"则以讲述为主，几乎没有评述语。比如记熙宁九年（1076）发生在恩州武城（今山东武城）的龙卷风灾害，当时"有旋风自东南来，望之插天如羊角，大木尽拔"，飓风扫过之处，"官舍、民居略尽"，"民间死伤亡失者不可胜计"，后果"县城悉为丘墟"，只能迁址重建（《梦溪笔谈·异事》）。陨石亦非佳兆，书中也直陈其事云：

> 治平元年，常州日禺时，天有大声如雷，乃一大星，几如月，见于东南。少时而又震一声，移着西南。又一震而坠在宜兴县民许氏园中。远近皆见，火光赫然照天，许氏藩篱皆为所焚。是时火息，视地中有一窍如杯大，极深。下视之，星在其中，荧荧然。良久渐暗，尚热不可近。又久之，发其窍，深三尺余，乃得一圆石，犹热，其大如拳，一头微锐，色如铁，重亦如之。州守郑伸得之，送润州金山寺，至今匣藏，游人到则发视。王无咎为之传甚详。(《梦溪笔谈·神奇》)

4　工程技术

沈括对工程技术有浓厚兴趣，早年担任沐阳主簿时即展现治水才能，《宋史·沈括传》说："县依沭水，乃职方氏所书'浸曰沂、沭'者，故迹漫为污泽，括新其二坊，疏水为百渠九堰，以播节原委，得上田七千顷。"沈括以官员身份参与工程活动，自然以指挥调度为主，《梦溪笔谈》涉及水利、建筑、军工、船舶、冶金、印刷等多个领域，作者未必亲历，但技术细节描述详细，并竭力凸显关键人物的作用，能工巧匠的姓名和他们的精思妙想往往赖本书而流传。

《梦溪笔谈》中有关水利的内容十分丰富，其中筑堤、抗洪、船闸等事都十分有意思。比如苏州与昆山之间皆是浅水沼泽，涉水行走通行不便，很早就谋划修筑长堤，但苦于取土困难，迟迟没有动工。直到嘉祐年间有人想出妙计：先用芦席等材料为骨架一段一段地修建夹墙，捞取淤泥填塞在芦席围挡中，干后便成为暂时阻水的土墙，再用水车将围中的水抽干，暴露土层，然后以一半作为堤的基脚，另一半挖成水渠，掘出的土正好用来筑堤；每隔三四里建一座桥梁，用来沟通南北水流；不久工程告竣，使用至今（《梦溪笔谈·权智》）。这种方法与今天修筑大型桥墩时常用的围堰法有异曲同工之妙。

修复溃决的堤坝，随着水口变小，水流更加湍急，合龙门（今天简称"合龙"，据清代《六部成语》解释："堵塞决口留一缺，曰龙门，工竣之日乃塞之，曰合龙门。"）为最关键之环节。古代主要使用叫作"埽"的工具，通常是用竹篾荆条等编织的条状大笼子，里面塞满卵石，推入决口来减缓水势，再迅速用沙袋

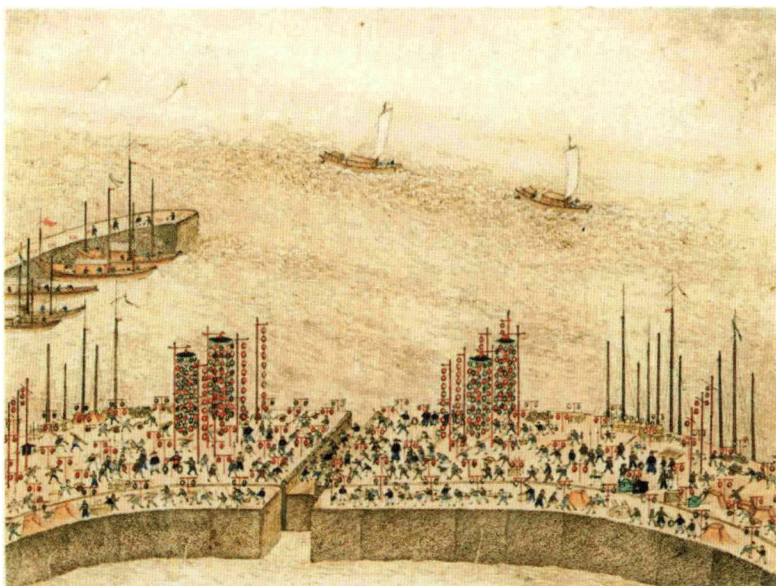

牟工合龙图

（清）麟庆《鸿雪因缘图记》

土方填塞，彻底堵住决口。庆历年间黄河商胡段（今河南濮阳东）决口，三司度支副使郭申锡受命亲自督察，进入关键的合龙阶段，当时用来压水的埽长六十步，抛下水几乎不起作用。河工高超认为失败的原因是埽身太长，人力无法将其彻底压到水底，起不到阻水的作用，因此建议将埽分为三截，每截二十步，中间用绳索连接；先下第一截，待其沉至水底，再在上面叠压第二截和第三截。其他河工都反对，觉得二十步的埽无法断水，徒然增加费用。高超解释："第一截埽下水后，虽不能堵塞水流，但可让水势减半；这时压上第二截埽，只需要费一

半的力气，即使水流还没有完全阻断，也不过是小漏；第三截
埽基本是平地施工，更加容易。处理好第三截埽以后，前两截
埽间的缝隙差不多已被泥沙淤塞，便不必再烦劳人力了。"郭
申锡拒绝高超的建议，继续用以前的法子，埽皆被水冲走，决
口反而更大，郭因此获罪贬官。继任者最终采纳高超的建议，
才顺利合龙堵口（《梦溪笔谈·官政一》）。

通过分洪来削减水势，趁机加固堤防也是一法。熙宁年间，
汴河灊阳段（今河南商丘附近）决开河堤淤田（将含沙量高的河水
引到低洼处，水中泥沙沉淀可增加土地肥力），谁知河水太猛，堤防
即将溃坝，幸好水利专家侯叔献（1023—1076）在场，当即决定
在上游数十里处决口，把汴河水暂时分流到一处废弃的古城中，
抓住下游断流的机会维修堤防。待次日古城水满，这边堤已加
固完成，于是从容堵塞泄洪口。沈括表扬侯叔献临危不乱，应
急措施得当，终于将一场大祸消弭于无形（《梦溪笔谈·权智》）。

山区地势复杂，如果出现堰塞湖，需要及时疏通，沈括
还记有雷简夫（1001—1067）巧妙利用力学原理移除山涧巨石
的故事："陕西因洪水下大石，塞山涧中，水遂横流为害。石
之大有如屋者，人力不能去，州县患之。雷简夫为县令，乃使

人各于石下穿一穴，度如石大，挽石入穴窖之，水患遂息也。"
(《梦溪笔谈·权智》)

运河是沟通南北的重要水道，唐宋时期，连接长江淮河的是扬楚运河，因为地势高差较大，严重影响通航能力，宋仁宗时在扬州到仪征段修建真州闸，这是运河史上的一件大事。《梦溪笔谈》提到修建船闸的缘起及建成后的效益，天圣年间，监管真州排岸司、右侍禁陶鉴倡议修建复式船闸以方便漕运，经过一系列程序终获批准。真州复闸建成后，每年可省河卒五百人、杂费一百二十五万。建闸前每条漕船载米不过三百石，此后运力逐渐提高，官船可达七百石，私船装量更多。沈括还说，自己元丰年间经过真州时，曾在船闸附近见到一块倒伏的石碑，是当时胡宿（995—1067）所作《通江木闸记》（《梦溪笔谈·官政二》）。沈括嫌这篇《木闸记》"略叙其事而不甚详具"，故没有载录，所幸《仪征县志》尚有全文，使后人能够大致了解船闸的结构。

宋代造船业也非常发达，船坞的发明为船舶维修提供了方便。熙宁年间，金明池（汴梁城外的金明池是北宋皇家园林，水体开阔，既可以举行龙舟竞赛，也可以作水军演练之所）中的大龙舟年久需要修

（北宋）张择端（传）《金明池争标图》

天津博物馆藏。此图描绘金明池及岸边的景色和人物，细腻生动，一如《清明上河图》，所以收藏家将其视为张择端的作品。

理，但水下施工困难。于是宦官黄怀信献计，在金明池北开挖可以容纳龙舟的大坑，下面安置能够承重的木架，然后放水，让船搁浅在架上，再抽干水令船悬空，便可进行维修，施工完成以后，再放水浮船。沈括说，这个船坞使用以后，乃"以大屋蒙之"，遂成为大龙舟平时停泊之所在（《补笔谈·权智》）。在传为张择端所绘《金明池争标图》中，还能找到沈括提到的停泊龙舟的大屋。

　　古代能工巧匠的"总祖师爷"是鲁班，五代宋初的"鲁班"名叫喻皓，欧阳修誉之为"国朝以来木工一人而已"。《归田录》记其轶事说，喻皓（欧阳修记其名为"预浩"，后世多作"喻皓"或"喻浩"。此亦见旧时工匠地位低下，虽有名声，口耳相传，年代稍久仅知读音，若不是如欧阳修、沈括等少数有心的士大夫笔录，最终将湮没无闻）主持修建的开宝寺塔在京师诸塔中，体量高大，结构谨严。当年修造完成，塔身明显向西北倾斜。面对质疑，喻皓信心十足地回答："汴梁地处平原，主要吹西北

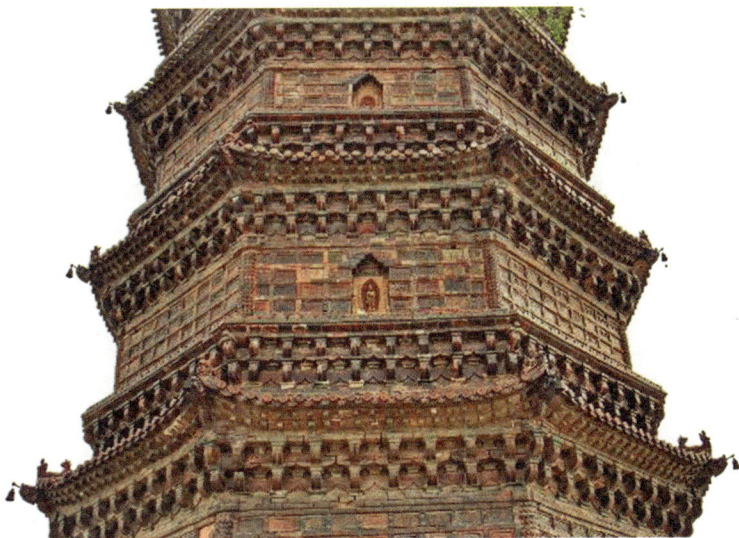

河南开封开宝寺塔（俗称"铁塔"）塔身

风，经历百年，自然在风力作用下扶正。"

　　沈括也记载了一件喻皓造塔的传说，还在五代吴越国时，杭州梵天寺造木塔，塔才建好两三层，吴越王钱俶登塔视察，觉得塔身不稳，询问工匠，回答说是因为塔上还没有铺瓦，上面太轻的缘故。可等塔建成铺瓦以后，塔身依然摇摇晃晃，工匠技穷，让自己老婆偷偷贿赂喻皓的妻子，请教补救的法子。喻皓笑道："这很简单啊，只需要每层都铺上木板，再以钉子钉紧就行了。"如法施工，果然见效（《梦溪笔谈·技艺》）。

　　《归田录》说喻皓总结毕生心得，撰有《木经》三卷，"今行于世者是也"，《梦溪笔谈》进一步介绍说：

　　营舍之法谓之《木经》，或云喻皓所撰。凡屋有三分：自梁以上为上分，地以上为中分，阶为下分。凡梁长几何，则配极几何以为榱等；如梁长八尺，配极三尺五寸，则厅堂法也，此谓之"上分"。楹若干尺，则配堂基若干尺以为榱等；若楹一丈一尺，则阶基四尺五寸之类；以至承拱、榱桷，皆有定法，谓之"中分"。阶级有峻、平、慢三等，宫中则以御辇为法，凡自下而登，前竿垂尽臂，后竿展尽臂为峻道；前竿平肘，后竿平肩，为慢道；前竿垂手，后竿平肩，为平道。此之谓"下分"。其书三卷。近岁土木之工益为严善，旧《木经》多不用，未有人重为之，亦良工之一业也。（《梦溪笔谈·技艺》）

从欧阳修到沈括不过数十年间，匠作技术更加完善，喻皓《木经》已经不能满足需要，故沈括叹言"未有人重为之"。而在沈括去世后不久，宋哲宗元符三年（1100）将作监李诫（1035—1110）奉敕编成三十四卷本的《营造法式》，代表当时中

《营造法式》书影

故宫博物院藏。宋李诫编修，清初钱曾影宋进呈抄本。

国土木建筑工程技术的最高水平，梁启超称赞道："其书义例至精，图样之完美在古籍中更无与比，一千年前有此杰作，可为吾族文化之光宠也已。"晁公武说"世谓喻皓《木经》极为精详，此书殆过之"（《郡斋读书志·后志》），正好是对沈括感叹的回应。

《梦溪笔谈》最为公众熟知的是毕昇发明活字印刷术的故事：

版印书籍，唐人尚未盛为之，自冯瀛王始印五经，已后典籍，皆为版本。庆历中，有布衣毕昇，又为活版。其法用胶泥刻字，薄如钱唇，每字为一印，火烧令坚。先设一铁版，其上以松脂、腊和纸灰之类冒之。欲印则以一铁范置铁板上，乃密布字印，满铁范为一板，持就火炀之，药稍镕，即以一平板按其面，则字平如砥。若止印三、二本，未为简易；若印数十百千本，则极为神速。常作二铁板，一板印刷，一板已自布字。此印者才毕，则第二板已具。更互用之，瞬息可就。每一字皆有数印，如"之""也"等字，每字有二十余印，以备一板内有重复者。不用则以纸贴之，每韵为一贴，木格贮之。有奇字素无备者，旋刻之，以草火烧，瞬息可成。不以木为之者，木理有疏密，沾水则高下不平，兼与药相粘，不可取。不若燔土，用讫再火令药熔，以手拂之，其印自落，殊不沾污。昇死，其印为余群从所得，至今保藏。（《梦溪笔谈·技艺》）

印刷术是中华文明贡献于世界的重大发明，极大程度降低了信息流通成本，不仅减少文献亡佚的风险，更方便了文化交流和传播。雕版印刷技术开始于唐代，发明人可能是受印章的启示，将文字反刻在木版上，版上刷墨，转印到纸上就成了正常的字迹。宗教文献需求量最大，印刷复制相比传统誊抄成本核算较低，所以留存至今的早期印刷品几乎都是佛教的经咒，比如敦煌藏经洞出土唐代咸通年间刻印的《金刚般若

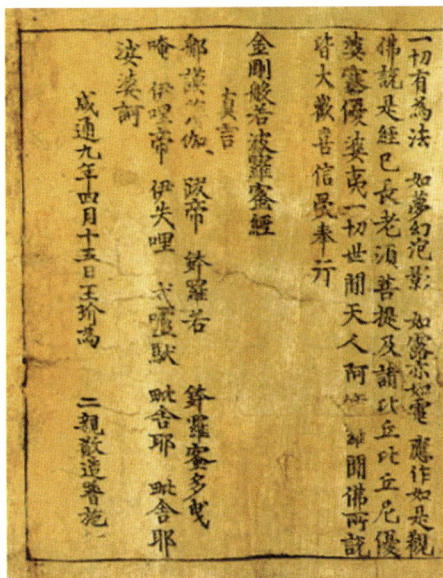

唐咸通九年刊本《金刚经》局部

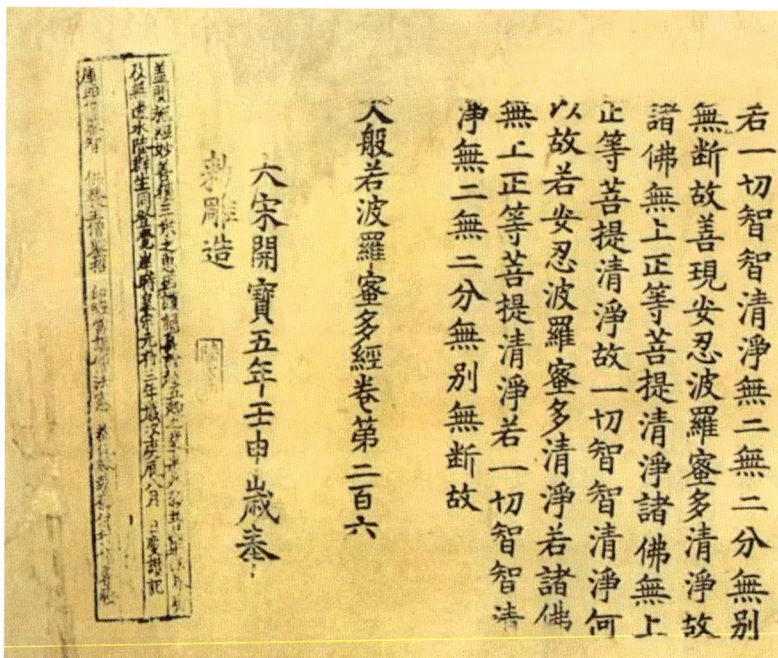

北宋《开宝大藏经》书影

波罗蜜经》，是目前所见最早纪年确切的印刷品；裹藏在杭州雷峰塔砖中的多件《宝箧印陀罗尼经》，是早期源自同一版次印刷成品的标本；北宋初《开宝大藏经》是现存第一部刻印的丛书。

宋代经济繁荣，文化需求也相应增加，刻印书籍品类众多，不仅有各类经典及政府诏令，也有日用杂书，乃至广告招贴等商务用品。雕版印刷有一个显著弱点，镌刻耗时，难以应付需要短期交件的客户需求，这可能是毕昇发明活字印刷的主要动机。

毕昇改革的关键是预制单体字模，按音韵搁置在捡字架格中，捡字工根据书稿内容拣排到印版上，固定以后，即可刷印；印完以后拆版，清洗之后的字模重新放回字格，可以循环使用。就当时的物质条件而言，活字印刷的便捷性无疑是主要优势，但缺陷也很明显：本次使用过的版片不再保存，下次使用需重新摆排，不似雕版可以多次使用，甚至作为"固定资产"传给子孙后代或转卖给其他书坊；清洗和重新上架工作量不小，每个字模在字格中的搁置方向必须保持一致，才便于捡字；相较于文盲也可以作雕版工匠，捡字工需要一定的文化水平，在识字率极低的年代，雇佣成本可能畸高；再加上早期活字版的美观性远不及雕版，所以除了一些特殊需要，或者文人追求新奇（比如南宋周必大曾"用沈存中法，以胶泥铜板移换摹印"所著《玉堂杂记》之类，见《文忠集·与程元成给事札子》）以外，毕昇发明的活字印刷技术并没有广泛推行。

除了印刷工毕昇，《梦溪笔谈》中还记有铸造工匠毕升，因为名字相近，早期研究活字印刷术的学者还将两人混为一谈。毕升是另一则故事的配角，所以不太引人注目。故事说大中祥符年间有术士王捷，本来是流放登州沙门岛（今渤海庙岛

武英殿聚珍版程氏图之"摆书图"

摆书即排版，取字柜内的所需木字摆于槽版内。

群岛）的罪人，号称能作黄金（古代方士以贱金属如铁、铅等制作具有黄金或白银色泽的合金，称作"药金""药银"），被召入大内炼金，毕升即配合此工作。毕升讲述制作过程："其法为炉灶，使人隔墙鼓鞴，盖不欲人觇其启闭也。其金，铁为之，初自冶中出，色尚黑，凡百余两为一饼。每饼辐解，凿为八片，谓之'鸦觜金'者是也。"（《梦溪笔谈·神奇》）按，方士制作药金，通常以铜为基质，在冶炼过程中掺入锌或砷，由此制成锌铜合金、砷铜合金，在一定比例下都呈金黄色。此言用铁作基质，确实少见，也可能沈括误记，或者毕升刻意歪曲。《本草衍义》引用此段，仍肯定鸦觜金"乃是水银及铁用药制成"，也缺乏化学依据。

《梦溪笔谈》中还有许多技术"妙招"值得玩味，如检修盐井的工匠发明雨盘，降低盐井中有害气体的浓度；审判官为了获取证词，用口哨让喑哑者发声；衙门老吏传授法医验伤窍门，等等。而工程故事中偶然穿插腹黑的工匠和颟顸的官员这类反派角色，则更加有趣。

钱塘江河口呈外大内小的喇叭状，潮波能量聚集，形成壮观的钱塘潮，但巨大的潮涌也给两岸堤防造成巨大的破坏力。

（南宋）佚名《钱塘观潮图》

为了减少大潮对江岸的破坏，吴越王时期就修建石堤，又在堤外江中树立十余行巨大的木柱，称为"滉柱"，用来缓冲水势。宋仁宗宝应、康定年间，有人提议把滉柱全部取出来，可以做成建材，地方官言听计从。可滉柱出水，多数已经腐朽，不堪使用。而江堤失去滉柱的保护，在潮水冲击之下，几乎年年都要发生溃决，花费不少的人力、物力来修补。后来杜杞（1005—1050）出任两浙转运使，有人给他献策，说从浙江税场以东的地方后退数里地建造一个月堤，可以避开汹涌潮水的直接冲击。所有水工都觉得这个主意好，唯独有一老水工不以为然，悄悄跟大家说："退后数里修堤自然好，但从此没有水患，我等将来靠什么吃饭？"众人一下子开了窍，再不说新方案的好话。杜长官不晓得其中的诡计，继续每年耗费巨资加固堤坝，结果自然灾害频仍。直到晚近大家才意识到修月堤的好处，果然减轻了水患，不过仍不及早年间的混柱有效，遗憾费钱太多，基本不可能恢复混柱了（《梦溪笔谈·官政一》）。短短一篇故事，谈不上曲折，却折射出社会现实：地方官因短视而惹出泼天大祸，本来有技术人员提出补救方案，却因触动小团体利益，加上负责人愚昧无知，终究不能顺利实施。

5　生物学科

古代通人皆"多识于草木鸟兽之名"（《论语·阳货》），故以辨析物类为基本素养。唐代段成式以博学多识著称，所撰《酉阳杂俎》有专篇记录经史载之未详，或仅是口耳相传的动物植物，但可能是因为"多诡怪不经之谈，荒渺无稽之物"

（《四库全书总目提要》），颇不入沈括的法眼，他在书中多处斥《酉阳杂俎》之言为"妄说""谬说"，在讨论香料时，更将其作为批评的靶子：

> 段成式《酉阳杂俎》记事多诞。其间叙草木、异物，尤多谬妄，率记异国所出，欲无根柢。如云："一木五香：根旃檀，节沉香，花鸡舌，叶藿，胶薰陆。"此尤谬。旃檀与沉香，两木元异；鸡舌即今丁香耳，今药品中所用者亦非；藿香自是草叶，南方至多；薰陆小木而大叶，海南亦有薰陆，乃其胶也，今谓之"乳头香"。五物迥殊，元非同类。（《梦溪笔谈·谬误》）

重要香料如旃檀、沉香、鸡舌香等早期主要依赖进口，使用者出于对远方物产的神秘想象，再加上经手的香客不明物种真相，或者故意神秘其说，香料背后充斥各种传说，最悠远的当属旃檀等五香长在同一棵树上。比如东晋俞益期《与韩康伯笺》云："外国胡老说，众香共是一大木，木花是鸡舌，木胶是熏陆，木节是青木，木根是旃檀，木叶是藿香，木心是沉香。"梁代《金楼子》也附和说："一木五香，根为檀，节为沉，花为鸡舌，胶为熏陆，叶为藿香。"《酉阳杂俎》云云，不过是此类说法谬种流传之一例。

五香共生一树的说法也非完全无因，最初可能是对不同规格品种沉香的讹传。真正的沉香是瑞香科沉香属中几种富含树脂的木材。沉香树在植株受到创伤，比如雷击、砍伐等以后，组织分泌出树脂，后经微生物作用醇化结香。沉香树脂在焚烧时释放特别的香味。因为结香环境不同，沉香木中树脂含量不一，含量高者比重大于1，置水中直接下沉，即为"沉水香"名称的来历，"沉香"为简称。树脂含量少比重则轻，在水中或浮，或半沉半浮，于是有各种代表质量规格的名称。五代李珣《海药本草》说："当以水试乃知子细。没者为沉香，浮者为檀，似鸡骨者为鸡骨香，似马蹄者为马蹄香，似牛头者

《本草品汇精要》沉香图

为牛头香，枝条细实者为青桂，粗重者为笺香。已上七件，并同一树。梵云波律亦此香也。"

宋代香药贸易更加繁荣，且部分香料植物已经引种，或有了本地代用品，对相关情况了解甚多。沈括说"旃檀与沉香，两木元异"，这是纠正李珣将檀香视为沉香之一个品种的错误，檀香分黄檀、白檀、紫檀，分别是豆科、山矾科、檀香科的物种，与瑞香科的沉香不同；鸡舌香是桃金娘科丁香的花蕾或果实；藿香是唇形科草本植物，原来进口，宋代已经广泛种植，《本草图经》说"今岭南郡多有之，人家亦多种植"，与沈括言"藿香自是草叶，南方至多"一

《本草品汇精要》檀香图

致；薰陆香是橄榄科乳香属多种植物的树脂，性状"垂滴如乳"（《本草衍义》），故名"乳头香"，简称"乳香"。故沈括结论说："五物迥殊，元非同类。"

《梦溪笔谈》中对动植物器官结构或功能活动的记录，既有沈括个人的观察，也有沿袭前代文献或记录他人叙说者，具体内容仍有生物学价值。如沈括出使辽国，见大蓟生长茂盛，遂联想古代蓟州或许因此得名，于是随笔记录："余使虏至古契丹界，大蓟荙如车盖，中国无此大者，其地名蓟，恐其因此也。如扬州宜

《本草品汇精要》薰陆香图

杨、荆州宜荆之类。"(《梦溪笔谈·杂志二》) 又见中原罕有的动物跳兔，也载入笔记："契丹北境有跳兔，形皆兔也，但前足才寸许，后足几一尺。行则用后足跳，一跃数尺，止则蹶然扑地。"(《梦溪笔谈·杂志一》) 并捕得数兔，稍加研究后怀疑是《尔雅·释地》提到的"蟨兔"，也即文献所言的"蛩蛩巨骦"(《尔雅·释地》说："西方有比肩兽焉，与邛邛岠虚比，为邛邛岠虚啮甘草；即有难，邛邛岠虚负而走，其名谓之蟨。"从描述来看，应该就是此物，沈括判断正确)。

沈括还注意到生物之间的相互克制，引杨亿《杨文公谈苑》说李后主嫌清暑阁前杂草丛生，徐锴乃根据《吕氏春秋》"桂枝之下无杂木"的说法，设法将肉桂屑布撒砖缝中，果然起到了除草剂的效果。杨亿将此现象解释为桂气味"辛螫"的缘故，沈括不同意，认为"桂之杀草木，自是其性，不为辛螫也"，并引本草书《雷公炮炙论》谓"以桂为丁，以钉木中，其木即死"，认为："一丁至微，未必能螫大木，自其性相制耳。"(《梦溪笔谈·辨证二》)

"芸"是古代藏书常用的植物杀虫剂，不仅"古人藏书辟蠹用芸"，而且"南人采置席下，能去蚤虱"。根据沈括描述：

"芸，香草也，今人谓之七里香者是也。叶类豌豆，作小丛生，其叶极芬香，秋后叶间微白如粉污，辟蠹殊验。"（《梦溪笔谈·辨证一》）结合他在《梦溪忘怀录》中说："江南极多，大率香草多只是花，过则已，纵有叶香者，须采掇嗅之方香；此种远在数十步外，此间已香，自春至秋不歇，绝可玩也。"更

《补遗雷公炮制便览》桂图

像是指芸香科植物芸香，而非《本草纲目》所言山矾科植物山矾，或后世辟蠹常用的禾本科植物芸香草。

此外还记以虫治虫的经验，说元丰年间庆州发生蚄蚄（主要指夜蛾科黏虫属的昆虫，危害粮食作物）虫害，严重影响秋收；

这时一种土人称作"傍不肯"的昆虫大量出现，直接以蚜蚄虫
为食，几天时间将害虫消灭，当年粮食大丰收。苏轼也提到这
种唤作"旁不肯"的小甲虫，遇蚜蚄等害虫"辄断其腰而去"
（《东坡志林》），沈括描述此虫"如土中狗蝎，其喙有钳，千万
蔽地，遇子方虫，则以钳搏之，悉为两段"（《梦溪笔谈·杂志
一》），应该是步行虫科的某类甲虫，以其他昆虫为食。

　　自然界物物相克的案例，古今中外广为流传，本草中的刘
寄奴、蛇衔草等，据说都是通过
观察动物行为而成为药物者，《梦
溪笔谈》中也载有一则芋梗疗蜂
螫的故事：

《本草品汇精要》芋图

　　处士刘易隐居王屋山，尝于
斋中见一大蜂胃于蛛网，蛛搏之，
为蜂所螫，坠地。俄顷，蛛鼓腹
欲裂，徐行入草。蛛啮芋梗微破，
以疮就啮处磨之，良久腹渐消，
轻躁如故。自后人有为蜂螫者，

按芋梗傅之则愈。(《梦溪笔谈·杂志一》)

唐慎微将此故事转载入《证类本草》，寇宗奭《本草衍义》亦根据此说，在"芋"条说"以梗擦蜂螫处，愈"，足见《梦溪笔谈》在医药界的影响力。

人体结构也是生物学的一部分，古代医学解剖观念出现甚早，《黄帝内经·灵枢》即有八尺之士"其死可解剖而视之"的说法，只是后来受儒家观念影响，未能持续进行，汉代以来仍有几次著名的人体解剖活动载入史书。一次是王莽捕获王孙庆以后，"使太医、尚方与巧屠共刳剥之，量度五藏，以竹筵导其脉，知所终始，云可以治病"(《汉书·王莽传》)；一次是北宋庆历年间，杜杞剿灭广西起义，诛杀首领欧希范及党羽五十余人，皆剖验五脏并由画工绘图(《宾退录》)，编绘成著名的《欧希范真五脏图》；另一次是徽宗崇宁年间，泗州郡守也在行刑时安排医生与画工将解剖所见编绘成《存真图》，水平"比《欧希范五藏图》过之远矣"(《郡斋读书志》)。

解剖学"实有益医家"是宋人的公论，沈括未及见《存真图》，他在《梦溪笔谈》中有一段关于药物在体内过程的讨论，涉及人体生理解剖知识。沈括说，传说人有三喉，食喉吞食、水喉下水、气喉通气，此为谬说，至于《欧希范真五脏图》也绘成三喉，乃是因为当时观察不仔细。试想，饮水吃食都是一同吞咽，怎么可能在中途分别归入食喉、水喉。人只有咽喉二者，咽（食道）纳饮食，喉（气管）通气。食物下咽通过胃脘（通常指胃体，此处或许用来特指食道与胃连接的贲门）进入胃，再到十二指肠，然后依次小肠、大肠；气管则下连五脏，呼吸运动如同鼓风机的气囊。

消化道容易观察，所以沈括纠正将食道分为食喉、水喉的错误说法；呼吸系统由气体通道（气管）与交换场所（肺脏）组成，后者的功能非肉眼观察所能获得，但沈括至少了解五脏（心肝脾肺肾）不与消化道相通，而怀疑五脏皆"含气呼吸"。既然从食道进入的物质不能直接到达五脏，沈括说：古医书中"云母不细研成粉，则附着在人的肝脏、肺脏排泄不出去"，枇杷叶、狗脊上的粗毛如果不除去，也会"射入肝肺"，如此之类的议论，都是谬说。饮食药物之类既然只通过消化道，又如何能到达五脏呢？沈括提出一种假说，"凡人之肌骨、五脏、肠胃虽各别，其入肠之物，英精之气味，皆能洞达，但滓秽即入二肠"，并认为医书本草说某药物能够入肝、入肾，其实只是"气味到彼"。沈括认为这一道理"医不可不知也"（《梦溪笔谈·药议》）。

沈括虽然批评《酉阳杂俎》中的动植物"尤多谬妄"，《梦溪笔谈》所记生物仍以尚奇志异为主，这其实是笔记著作的特点，也无可厚非。比如记杭州南新县（古县名，县治在今杭州富阳万市镇）人家劈开柿木，中有"上天大國（国）"四字，说自己亲自勘验，字体似颜真卿，笔力雄健，其"國"字中间"或"字的戈勾写法尤其逼真云云。事情发生在宋英宗治平年间，其实不过是大宋朝野上下热衷的"祥瑞"事件之一桩，沈括虽信誓旦旦地保证"知其非伪者"，也未能完全免俗（《梦溪笔谈·异事》）。

十字花科芸薹属蔬菜如白菜、青菜、甘蓝、芥菜、油菜等，真菌感染可发生白锈病，主要危害叶片和花梗，通常花梗和花轴肿大，畸形弯曲。沈括也记录这一现象，谓"菜品中芜菁、菘、芥之类，遇旱其标多结成花，如莲花，或作龙蛇之形"，明确说"此常性，无足怪者"。而又特别记熙宁年间李及之将任润州知州，园中菜花"悉成荷花，仍各有一佛坐于花中，形如雕刻"。这自然也是祥瑞的征兆，所以沈括记录传言云："李君之家奉佛甚笃，因有此异。"（《梦溪笔谈·神奇》）

鳗鲡鱼是常见鱼种，沿海江湖水体中都有分布，出现在井中也属正常，但如果恰好是宗教圣地，则往往被附会为神奇。唐宋时期，绍兴、宁波、杭州等地都有鳗井的传说。比如宁波阿育王塔附近有圣井，其中有一尾鳗鱼，传说是护塔菩萨，人以香花供养，"有福者即见，无福者经年求不见"（《唐大和上东征传》）。绍兴应天寺的鳗井亦有名，唐代以来就成为名胜，徐浩《宝林寺作》有"孤岫龟形在，深泉鳗井开"之句。《梦溪笔谈》也有一条谈到这口鳗井：

《食物本草》鳗鲡鱼图

越州应天寺有鳗井，在一大磐石上，其高数丈，井才方数寸，乃一石窍也，其深不可知，唐徐浩诗云"深泉鳗井开"，即此也，其来亦远矣。鳗时出游，人取之置怀袖间，了无惊猜。如鳗而有鳞，两耳甚大，尾有刃迹，相传云黄巢曾以剑刺之。凡鳗出游，越中必有水旱疫疠之灾，乡人常以此候之。（《梦溪笔谈·神奇》）

鳗鱼可以离开水面任游人揽在怀中已经不可思议，又说曾经被黄巢砍伤而刀痕犹存，甚至能预言越中水旱疫疠各种灾害，简直神乎其神。沈括似乎很乐道此事，经常绘声绘色地给友人讲述鳗井传奇，言谈中不免夸大，称自己亲眼见这尾鳗鱼，刚出水时大小正常，然后渐渐长大，顺着柱子上来，竟有柱子粗细。听者自然不信，怼他说："果然不愧粗鳗呵。"盖当时将大言诳人称作"粗谩"，此事载张耒《明道杂志》和沈作喆《寓简》，可见当时都把这道谐音梗作为笑谈。

《梦溪笔谈·异事》篇中附录一篇"异疾"，记录当时医学不能理解的一些疾病现象，这些现象在今天多数都能获得病理或生理学的解释。比如说某人"无他疾，忽不识字，数年方稍稍复旧"，其实是大脑颞叶的阅读中枢受损，表现出来的失读症；某家妾"视直物皆曲，弓弦、界尺之类，视之皆如钩"，通常是眼科疾病如黄斑变性或视网膜剥离等；有老妇人"啖物不知饱"，可能是神经性暴食症；友人某患"饥疾，每饥立须啖物，稍迟则顿仆闷绝"，所以"怀中常置饼饵"，则是低血糖症状；至于记吕夏卿得疾"但缩小，临终仅如小儿"，或许与骨软化症出现自发性骨折、胸廓畸形、脊柱侧弯或前突等症状有关。

疟疾是疟原虫引起的感染性疾病，自然算不上"异疾"，但古代传说此病是疟鬼作祟，比如《搜神记》说："昔颛顼氏有三子，死而为疫鬼。一居江水，为疟鬼；一居若水，为魍魉鬼；一居人宫室，善惊人小儿，为小鬼。"所以除了正常的截疟药物如常山、青蒿以外，还有一些稀奇古怪的治疗手段。《梦溪笔谈》有两条涉及疟疾，提供的治疗方案都很有意思。沈括说：

> 关中无螃蟹。元丰中，余在陕西，闻秦州人家收得一干蟹。土人怖其形状，以为怪物。每人家有病虐（疟）者，则借去挂门户上，往往遂差。不但人不识，鬼亦不识也。（《梦溪笔谈·杂志二》）

螃蟹在关中为罕见，其张牙舞爪的样子正可以用来吓唬疟鬼，"不但人不识，鬼亦不识也"一语，真令人忍俊不禁。年代稍晚的诗人曾几有一首谢友人馈螃蟹诗云："开奁破壳喜新黄，此物移来所未尝。一手正宜深把酒，二螯已是饱经霜。横行足使班寅惧，干死能令疟鬼亡。毕竟爬沙能底事，只应大嚼慰枯肠。"就用了《梦溪笔谈》螃蟹吓疟鬼的典故。

（南宋）牧溪《芦蟹图》

日本根津美术馆藏

　　与螃蟹吓退疟鬼同理，强梁之人死后有灵，也能镇厌疟鬼。沈括就说，国子博士李余庆任常州知州，行事果决干练，颇令手下胥吏敬畏，偶然卧病，竟遭本州医博士投毒，弥留之际，尚召医博士杖杀之。李余庆葬在常州横山，患疟疾者都到其墓地取土，安置床席之间，便能痊愈（《梦溪笔谈·人事二》）。而在李余庆之前，则有唐末五代的朱瑾（867—918）诛杀徐知训然后自刎，葬在广陵的雷塘，患疟者也从坟上取土，以水服之即愈，事见《新五代史》。

6　本草药物

　　《梦溪笔谈》涉及医药的文字不少，散见于各篇，如"象数"篇称医家五运六气之术，"大则候天地之变，寒暑风雨，水旱螟蝗，率皆有法，小则人之众疾，亦随气运盛衰"；"辨证"篇谓阿胶之所以能够"治淤浊及逆上之疾"，乃是取济水"性趋下、清而重"的特性；"人事"篇记夏竦身体禀赋异于常人，"才睡即身冷而僵，一如逝者，既觉，须令人温之良久方能动"；同篇又记"苏合香丸"本是唐代《广济方》之白术丸，当时使用不多，至大中祥符年间赐给近臣，乃"盛行于时"；"技艺"篇有四明医僧奉真准确判断疾病预后，无愧良医；同篇考订医方灸艾以"壮"为单位，认为是"以壮人为法"的意思；此外，"异事"篇载异疾若干种，已见于前。尽管许多篇章也涉及药物，本书又单设"药议"门类，加上《补笔谈》一共 44 条，为本草问题的专论。

　　"本草"是古代药物著作的专名，汉代成书的《神农本草经》是现存最早的本草文献，经梁代陶弘景整理为《本草经集注》而广为流行，唐代由政府组织力量编成《新修本草》并颁行天下，此举开官修本草的先河，北宋开宝、嘉祐年间都有官修举动。沈括认为："方书仍多伪杂，如《神农本草》最为旧书，其间差误尤多，医不可以不知也。"（《梦溪笔谈·技艺》）当时通行的官修本草是由掌禹锡（990—1066）主持修订的《嘉祐补注神农本草》和苏颂（1020—1101）负责撰写的《本草图经》，《梦溪笔谈·药议》主要是针对这两部本草的议论。因为是有的放矢，故单列一篇，其他篇章虽然也涉及药物，却不与本篇驳杂。

"药议篇"幅不大而见解精辟，明确提出问题，极少因循之论，故从成书至北宋覆亡以前约三十年时间，先后被唐慎微《证类本草》、寇宗奭《本草衍义》、陈承《重广补注神农本草并图经》引用，学术价值可见一斑。

本篇涉及药材学、调剂学、药物治疗学、药物名实等多方面问题。采收加工属于药材学，《本草经》已经提出"采造时月"的讲究，《本草经集注》阐释说：用根的药物多二月、八月采，二月是因为初春植物刚萌发，枝叶尚未丰满，养分都集中在根部；八月是入秋以后，枝叶开始凋亡，养分又重新回到根部，总结起来，春采宜早而秋采宜晚。至于以茎叶花果实入药者，随其成熟时机采收。沈括即针对这段话提出不同意见：

古法采草药多用二月、八月，此殊未当。但二月草已芽，八月苗未枯，采掇者易辩识耳，在药则未为良时。大率用根者，若有宿根，须取无茎叶时采，则津泽皆归其根。欲验之，但取芦菔、地黄辈观，无苗时采，则实而沉；有苗时采，则虚而浮。其无宿根者，即候苗成而未有花时采，则根生已足而又未衰。如今之紫草，未花时采，则根色鲜泽；过而采，则根色黯恶，此其效也。用叶者取叶初长足时，用芽者自从本说（著者按：此七字原书作正文大字，据《良方》为小字，从文义揣测，作为注释文字较为合理），用花者取花初敷时，用实者成实时采。皆不可限以时月，缘土气有早晚，天时有愆伏。如平地三月花者，深山中则四月花，白乐天《游大林寺》诗云"人间四月芳菲尽，山寺桃花始盛开"，盖常理也，此地势高下之不同也。如筀竹笋，有二月生者，有三四月生者，有五月方生者，谓之"晚筀"；稻有七月熟者，有八九月熟者，有十月熟者，谓之"晚稻"。一物同一畦之间，自有早晚，此性之不同也。岭峤微草，凌冬不凋，并汾乔木，望秋先陨；诸越则桃李冬实，朔漠则桃李夏荣，此地气之不同也。一亩之稼，则粪溉者先芽；一丘之禾，则后种者晚实，此人力之不同也。岂可一切拘以定月哉。(《梦溪笔谈·药议》)

这也是《梦溪笔谈》中的名篇，质疑经典，举证有条有理。先说本草书之所以规定用根之药二月、八月采收，真正的理由是二月植株已经萌芽，八月地上部分尚未完全枯萎，采药人便于识别，而药效未必最佳。沈括建议，多年生草本在地上部分枯萎以后采根，一年生草本在花期以前采根；至于叶、芽、花、果等，亦各有采收时机。特别强调"不可限以时月"，原因多端：如海拔不同，地理位置不同，品种不同，人工抚育条件不同等。后代本草家陈衍援引此段，总结说："夫一种药而采月不一者，盖前后述本草之人居方不同。故居阳和之方者，见庶物先发而采早；其居阴寒之方者，见庶物晚成而采迟。各因所居之方，以纪所采之月。要之，随地适时，则物性正而功力全矣。"(《宝庆本草折衷》)

药物采收还应该结合用药需要，比如金樱子是蔷薇科植物，因果实似罂(一种小口大腹的容器)而得名，通常采取经霜

《本草品汇精要》金樱子图

以后的果实制作膏煎，有活血驻颜之功。宋人特别推崇金樱煎，吟咏甚多，黄庭坚得友人馈赠膏煎，答诗有句云："金樱出皇坟，刺橐览霜枝。寒窗司火候，古鼎冻胶饴。初尝不可口，醇酒和味宜。"沈括对药物金樱子的采收时间提出意见，说世人都是待金樱子完全成熟以后摘取果实，取汁熬制金樱子膏，此为大误，盖"红则味甘，熬膏则全断涩味，都失本性"，主张"今当取半黄时采"（《梦溪笔谈·药议》）。后人咏金樱子诗"霜中采实似金黄"，即用沈括的意思。

在药物调剂中，散剂本来属于固体制剂，唐宋流行"煮散"，则将处方药材粉碎为粗颗粒，使用时取一定剂量，加水煎煮，去滓或连滓一起服用。宋代许多医药文献都讨论汤与散的区别，皆不及沈括说得明白：

汤、散、丸，各有所宜，古方用汤最多，用丸、散者殊少。煮散古方无用者，唯近世人为之。大体欲达五脏四肢者莫如汤，欲留膈胃中者莫如散，久而后散者莫如丸。又无毒者宜汤，小毒者宜散，大毒者须用丸。又欲速者用汤，稍缓者用散，甚缓者用丸。此其大概也。近世用汤者全少，应汤皆用煮散。大率汤剂气势完壮，力与丸、散倍蓰（著者按：五倍曰"蓰"）。煮散者一啜不过三五钱极矣，比功较力，岂敌汤势。然汤既力大，则不宜有失消息。用之全在良工，难可定论拘也。

（《梦溪笔谈·药议》）

煮散与汤剂之间的差别非常微妙，《泊宅编》记载名医朱肱（1050—1125）的一则轶事：有人病伤寒，朱肱诊视后处以《伤寒论》的小柴胡汤，预计服三剂便可痊愈，结果病势未减轻，反而觉得胸膈胀满。朱肱于是检视药物，发现病人服的是小柴胡散，因改成汤剂，两服而愈。朱肱解释："古人制㕮咀，谓锉如麻豆大，煮清汁饮之，名曰汤，所以入经络，攻病取快；今乃为散，滞在膈上，所以胃满而疾自如也。"结合沈括的意

《补遗雷公炮制便览》炮炙海蛤图

见，煮散使用剂量小，故作用弱；可能还连滓一起服用，所以停留膈胃，病人反觉得胀满。

"药议"篇以药物的名实讨论最为深入，小条目中往往隐含大问题，沈括的意见颇为后世本草学者重视，或接受、或批评，举例如下：

《本草经》文蛤、海蛤皆是贝类，其中引起争论的主要是海蛤，《说文》谓蛤有三种，海蛤是"百岁燕所化也"，陶弘景《本草经集注》说海蛤是从雁屎中淘洗得来，似乎即根据此传说附会；五代《日华子本草》也采信之，乃谓蛤是"雁食后粪中出，有文彩者为文蛤，无文彩者为海蛤"，但也承认：

"乡人又多将海岸边烂蛤壳，被风涛打磨莹滑者，伪作之。"《梦溪笔谈》的意见可谓解纷之论："海蛤今不识其生时，海岸泥沙中得之，大者如棋子，细者如油麻粒。黄、白或赤相杂，盖非一类。乃诸蛤之房，为海水砻砺光莹，都非旧质。蛤之属其类至多，房之坚久莹洁者皆可用，不适指一物，故通谓之'海蛤'耳。"（《梦溪笔谈·药议》）《本草纲目》即引此作为结论，认为海蛤乃是海滩上各种贝类的碎壳，大小形状不一，并不特指某一品种，因为长期受海浪冲刷，边角钝圆，遂传说是从海鸟的粪便中淘洗而得。

本草书中赤箭与天麻的关系也是纠缠不清。赤箭为《本草经》上品药，久服能够"益气力，长阴，肥健，轻身增年"，《抱朴子内篇》称为"独摇芝"，服其大者得寿命一千岁，小者一枚得寿命亦百岁，

《本草品汇精要》赤箭图

从描绘来看，赤箭即兰科植物天麻，这是一种与蜜环菌共生的腐生草本，块茎肥厚肉质可供食用，遂被神仙家归为芝草类，并附会若干神奇功效。可奇怪的是，《开宝本草》又在原有赤箭外，另立天麻条，功效也能"久服益气，轻身长年"，植株形态也与赤箭相似。因为《本草经集注》以来本草书"滚雪球"式的编辑特征，更加上"疏不破注、注不驳经"的传统著作习惯，《嘉祐本草》《本草图经》两部官修本草的作者或许已经隐约觉得《开宝本草》"天麻"条处理失当，却不加以纠正，于是异说纷呈，直到沈括第一个揭示问题：

赤箭即今之天麻也，后人既误出天麻一条，遂指赤箭别为一物，既无此物，不得已又取天麻苗为之，兹为不然。本草明称"采根阴干"，安得以苗为之。草药上品，除五芝之外，赤箭为第一；此神仙补理、养生上药，世人惑于天麻之说，遂止用之治风，良可惜哉。或以谓其茎如箭，既言赤箭，疑当用茎，此尤不然。至如鸢尾、牛膝之类，皆谓茎叶有所似，用则用根耳，何足疑哉。（《梦溪笔谈·药议》）

沈括的意思是说，《本草经》赤箭因为"茎赤如箭杆"得名，却以地下如芋头样的块根入药服食，后人不明此理，误以为取名"赤箭"，就应该以地上部分入药，于是另外立"天麻"条。沈括反驳，指出比如鸢尾是因叶形得名，牛膝是因茎节特征得名，都以根入药，取名"赤箭"而用其根，又何足怪哉。北宋末陈承对沈括的意见大为赞赏，称"今翰林沈公括最为博识，尝解此"，结论说："今医家见用天麻，即是此赤箭根。今《补注》与《图经》所载，乃别是一物，中品之下又出天麻一目，注云出郓州。考今之所出，赤箭根苗，乃自齐郓而来者为上。"（《重广补注神农本草并图经》）

　　《本草经》莽草是大毒药，亦写作"莔草"，《本草纲目》解释："此物有毒，食之令人迷罔，故名。山人以毒鼠，谓之鼠莽。"《山海经》说莽草"可以毒鱼"，《周礼》用来熏杀蠧物，足见其为有毒之品，但具体指代的物种，各家说法不一，沈括也参与

《本草品汇精要》福州莽草图

讨论，有如下见解：

世人用莽草，种类最多，有叶大如手掌者，有细叶者，有叶光厚坚脆可拉者，有柔软而薄者，有蔓生者，多是谬误。按《本草》："若石南而叶稀，无花实。"今考木"若石南"，信然，"叶稀，无花实"，亦误也。今莽草，蜀道、襄汉、浙江湖间山中有，枝叶稠密，团栾可爱，叶光厚而香烈，花红色，大小如杏花，六出反卷向上，中心有新红蕊，倒垂下，满树垂动摇摇然，极可玩。襄汉间渔人竞采以捣饭饴鱼，皆翻上，乃捞取之。南人谓之"石桂"，白乐天有《庐山桂》诗，其序曰"庐山多桂树"，又曰"手攀青桂树"，盖此木也。唐人谓之"红桂"，以其花红故也。李德裕诗序曰："龙门敬善寺有红桂树，独秀伊川，移植郊园，众芳色沮。乃是蜀道莽草，徒得佳名耳。"卫公此说亦甚明。自古用此一类，仍毒鱼有验。本草木部所收，不如何缘谓之草，独此未喻。(《补笔谈·药议》)

从沈括的描述来看，这种别名"红桂"的莽草应该是八角科植物红毒茴及近缘物种，植株全体尤其是果实及根皮含有中枢毒性物质，可引起惊厥、震颤、幻觉等，常因呼吸衰竭致死，完全符合"毒鱼"的描述。《本草衍义》也认可沈括的说法，并补充说："今世所用者，皆木叶也，如石南，枝梗干则绉，揉之，其嗅如椒。"但沈括的说法也存在一个问题，狭叶茴香是木本植物，介于灌木至小乔木之间，与名称中的"草"字不匹配，不仅如此，《山海经·中山经》也明确说朝歌之山"有草焉"，《尔雅·释草》说"莽，春草"，郭璞注为莽草。所以沈括说"不知何缘谓之草，独此未喻"，表示暂存疑问。

此后关于莽草的名实便有两派意见，一派以李时珍为代表，不取沈括之说，将莽草从木部改到草部，吴其濬《植物名实图考》将其列为毒草类，原植物是同样有毒的卫矛科雷公藤。另一派则以清代赵学敏《本草纲目拾遗》为代表，对《本草纲目》忽略沈括的意见不以为然，因为"莽草"条收载于《补笔谈》，甚至怀疑"岂此书补集，濒湖（李时珍号濒湖）尚未见耶"。

河豚是鲀科东方鲀属的多种鱼类，其美味与毒性共存，所以有"拼死吃河豚"之说。但《开宝本

《本草品汇精要》河豚图

草》收载河豚，却说“味甘温，无毒，主补虚，去湿气，理腰脚，去痔疾，杀虫，江河淮皆有”，以至《苕溪渔隐丛话》引梅尧臣《食河豚鱼》诗句“炮煎苟失所，转喉为莫邪”，提出河豚剧毒如此，“本草以为无毒，盖误矣”。而在胡仔之前，沈括已经发现问题。

沈括说，《开宝本草》所言的河豚，一名鮠鱼，又名鮰鱼，是鲿科鮠属的鱼类，即今天通常称的“江团”，自然是无毒之品；而吴人所嗜的河豚，雅名为鯸鮧鱼，又写作“侯夷鱼”“胡夷鱼”。鯸鮧鱼最早载于《食疗本草》，谓其“有毒，不可食之，其肝毒杀人”，又说“此鱼行水之次，或自触着物，即自怒气胀，浮于水上，为鸦鹞所食”，显然是有毒的河豚。《开宝本草》言河豚无毒并没有错，可掌禹锡编《嘉祐本草》时，把《日华子本草》记载的胡夷鱼合并到《开宝本草》“河豚”条内，所言胡夷鱼又名规鱼、吹肚鱼，又

《本草品汇精要》鮠鱼图

说其"肝有大毒",皆是指有毒的河豚,乃是"大误"。沈括还记有毒河豚的捕捞方法,渔民利用侯夷鱼受激惹后腹部膨胀的特点,在河段用栅栏截流,碰到栏杆则腹胀鼓如吹,于是浮在水面,很容易捡拾(《补笔谈·药议》)。《本草衍义》也有类似说法:"此物多怒,触之则怒气满腹,翻浮水上,渔人就以物撩之,遂为人获。"

一枚浓缩宋代科技文化的时间胶囊

"博闻强识"是沈括生前即得到广泛认可的基本"人设"，晚年《梦溪笔谈》问世，更赢得至今未衰的身后之誉。

《宋史》说沈括"博学善文，于天文、方志、律历、音乐、医药、卜算，无所不通，皆有所论著"，这是表扬他文理兼通的意思；可对古人而言，如天文、历法、数学、音律等存在技术门槛的专学，虽仰之弥高，却说不出所以然，大有"不明觉厉"之感，于是也有仅肯定他在文史方面的造诣者，谓其"博览古今，于制度犹悉"（陈仁子《大德本梦溪笔谈·序》），而不及其他；明初徐一夔（1319—1399）历数宋代以来杭州名人之有誉于天下后世者，乃径称"文学则有若沈括、沈晦、洪咨夔"（《始丰稿·送赵乡贡序》）。至于评价《梦溪笔谈》其书，也只说"多载朝廷故实、耆旧出处"（《宋史·沈括传》），或言本书内容"皆祖宗盛时典故、卿相太平事业及前世制作之美"（汤修年

《乾道本梦溪笔谈·跋》），如此而已。

直到清代朴学兴起，情况才有所改变，阮元《畴人传》对沈括在天文学和算学上的成就给出具有专业性的表扬：

> 括于步算之学，深造自得，所上三议，并得要领。其《景表》一议，尤有特见，所谓烟气尘氛、出浊入浊之节，日日不同，即西人蒙气差所自出也；积隙、会圆二术，补《九章》所未及；《授时术草》，以三乘方取矢度，即写会圆术也。（《畴人传·沈括传》）

《四库全书总目提要》也对《梦溪笔谈》内容及学术影响力有全面而中肯的评价：

> 括在北宋，学问最为博洽。于当代掌故及天文、算法、钟律，尤所究心。

客观言之，沈括置身欧阳修、司马光、王安石、苏轼等巨匠之间，固然个性鲜明；《梦溪笔谈》与《涑水记闻》《东坡志林》《老学庵笔记》《容斋随笔》《困学纪闻》并列，同样无惭杰作；但沈括及其作品能够从众优中脱颖而出，实由于《梦溪笔谈》中的科技元素恰好迎合晚近"中学为体，西学为用"价值观的缘故。张荫麟撰《沈括编年事辑》，引言说"沈括之见称于近世，以其《梦溪笔谈》，尤以书中之科学智识"，确实是写实之论。

19 世纪以来，《梦溪笔谈》中的科技文明内容逐渐被译介西方，其中活字印刷术最引人注目。1847 年法国汉学家儒莲（Stanislas Julien）在巴黎《亚洲杂志》第九卷发表研究活字印刷术起源的文章，并用法文译述《梦溪笔谈》中关于活字印刷术的记载；1923 年德国柏林国家图书馆中文部主任霍勒博士（Dr. Hermann Hülle）在《古老的中国活字印刷术及其在远东地带的发展》一书中，又将《梦溪笔谈》中活字印刷术的内容译为德文；1925 年美国学者卡特（Thomas Francis Carter）在《中国印刷术的发明和它的西传》将这一段落又译成英文，并评论说："这一段文字叙述得很缜密。作者沈括在毕昇发明活字时，还是个十几岁的孩子。他著的《梦溪笔谈》一书，叙述了许多自然的现象，其中还有对指南针的最早的明晰记载，和这一

段关于他同时代的世界上
第一次试验活字印刷的叙
述文字。在宋代的作者中，
他是被认为最严谨可信者
中的一位。"英国科学史家
李约瑟（Joseph Needham）
对沈括和《梦溪笔谈》的
推崇更是无以复加，在所
撰《中国科学技术史》中
称沈括可说是中国整部科

剑桥大学李约瑟研究所李约瑟塑像

学史中最卓越的人物，《梦溪笔谈》是"中国科学史上的坐标"
（以上内容参见胡道静《沈括研究·科技史论》之《梦溪笔谈》在
国外"）。

20 世纪初以来，中国学者也开始留意沈括，从科技活动
入手，渐渐涉及政治、文化成就，如张荫麟所说："予近搜集
沈氏传记材料，乃知斯人之伟大实远过其名。括不独包办当时
朝廷中之科学事业，如修历法、改良观象仪器、兴水利、制地
图、监造军器等，不独于天学、地学、数学、医学、音乐学、

物理学，各有创获，不独以文学著称于时，且于吏治、外交及军事，皆能运用其科学家之头脑而建非常之绩。"（《沈括编年事辑》）

沈括在天文学、应用数学、地图学、医药学、音乐学等领域都有重要贡献，作为"中国古代科学家"的杰出代表，确实当之无愧（1962年中国古代科学家第二组纪念邮票沈括之第二枚以"地质"为主题，把地质学作为沈括的最高成就，似可商榷），但也要看到，《梦溪笔谈》本身并不是科技专书，作者只是对自己感兴趣领域中"有意思"的人物事件加以记录，却在无意之间成为一枚贮藏有若干宋代科技文化信息的时间胶囊，这才是本书真正的价值所在。

沈括纪念邮票

图中沈括正在考察地貌。

每一篇传世文献都包含历史沧桑，笔记因为题材广泛，信息涵盖面广，且一定程度游离于官方叙事之外，无疑是最好的"时间胶囊"，如沈括这样"上知天文、下晓地理、中通人和"的学术全才留下的笔记，价值自然更高。技术发明大都被儒家目为"奇技淫巧"，扣上"玩物丧志"的帽子而不受重视，优秀技术传承断绝，杰出工匠名声不显，这是吾国古代科学技术进步缓慢的原因之一。沈括算是士大夫阶层中的"另类"，热衷于理工学术，不仅研究制作工艺，也因此关注其中起关键作用的人物。喻皓的匠作虽然也见于其他文献，而以《梦溪笔谈》最详，更不用说活字印刷术及其发明人毕昇，完全仰赖沈括的记录而流传后世。因此，《梦溪笔谈》在人文历史方面固多精辟见解，若论保存科技史料，在宋人笔记中则是一枝独秀。

作为真实人物的沈括，既有超乎时代的"科学"见识，比如在讨论音韵问题时说："虽先王所不言，然不害有此理，历世浸久，学者日深，自当造微耳。"（《梦溪笔谈·艺文二》）在崇古守旧的思想环境下，这也是振聋发聩的言论。同时也未能完全摆脱时代局限，比如观察记录磁偏角确实可贵，而关于物理磁学问题的具体解释则止步于类比："磁石之指南，犹柏之指西，莫可原其理。"（《梦溪笔谈·杂志一》）又说："以磁石磨针锋，则锐处常指南，亦有指北者，恐石性亦不同。

如夏至鹿角解、冬至麋角解，南北相反，理应有异，未深考耳。"（《补笔谈·药议》）类比思维阻碍对原理的探索，此皆至所遗憾者。

象数是古人的重要思维模式，沈括也以此来解释自然现象。比如信州铅山烹胆矾炼铜，可以观察到"熬胆矾铁釜，久之亦化为铜"的现象，今天自然知道就是简单的置换反应，而沈括则引《黄帝内经素问·天元纪大论》"在天为湿，在地为土"，将此现象套用五行理论解释为："土能生金石，湿亦能生金石，此其验也。"并类比"石穴中水，所滴皆为钟乳"等液体中沉淀出固体物质的现象，进一步证明"湿亦能生金石"的结论，然后推广到土以外，如"木之气在天为风，木能生火，风亦能生火"，总结为"盖五行之性也"（《梦溪笔谈·杂志二》）。

命数是否前定，沈括也始终徘徊在信疑之间，他曾从逻辑上驳斥万事无不前定的说法，表示"余以谓不然"（《梦溪笔谈·神奇》）；而遇到某人曾经在家宅中构筑"中允亭"以明志，后来仕途蹭蹬，果然以太子中允终老时，沈括又忍不住慨叹这一切"岂非前定"（《梦溪笔谈·人事一》）。从张耒记载的一则轶

事来看，沈括还是比较接受前定论，《明道杂志》谓沈括曾推
算自己的命数，说将在春风得意时死去，结果却死在贬谪中。
（原文说："括又自言推数知死时在称意中，尝言括死时颇热闹。然括
之死乃在谪废中，非称意也。"）

北宋词人李之仪（1048—1127）与沈括关系密切，沈括去
世以后，应其家人的请求题写像赞，不妨借用来作为这本小书
的结尾：

先天弗违，圣时以乘。

人谋鬼谋，其谁其能。

彼虽渊密，我则揆叙。

万目交张，维纲之举。

展也吾人，一世绝拟。

孰友多文，宛在中沚。

用此以通，亦以是穷。

自崖反矣，凛然孤风。

镇江沈括纪念雕像

　　念中学的时候，语文课本选过好几篇《梦溪笔谈》，印象深刻的是《采草药》，后来读中医学院念中药专业，植物学暑期实习在峨眉山，才对白居易诗中所云"人间四月芳菲尽，山寺桃花始盛开"真正有所体会。大学四年，多数时间都用来读闲书，《梦溪笔谈》也草草翻过，直到工作以后留心本草，开始关注医书以外的药学文献，《梦溪笔谈》便成了常置案头的参考书。

　　完成《〈本草纲目〉通识》以后，雪总又问能不能再作一本《〈梦溪笔谈〉通识》；我算杂家，于本草、书法、金石，乃至早期道教文献都有兴趣，写《本草》通识自然当行，为《梦溪笔谈》这样的文学类作品作导读，身份其实不太合适，但终于没有忍住诱惑答应下来。

　　笔记书内容驳杂，好在我对典章制度、历史故实、人物轶事、诗赋辞章、书法碑刻或多或少都有所了解，加上理工科出身，于现代数、理、化、生的学问也不陌生，于是带着写作任务重读本书，努力筛选出各种有意思的细节，弄清事件的前因后果，同时思考小书的体例框架。

具体写作开始于 2024 年春节前后，节录日记以为实录。1月 28 日从杭城返川的飞机上就开始"看《梦溪笔谈》，又总结出若干写点"，2 月 2 日"开始理顺《〈梦溪笔谈〉通识》思路，点点滴滴，还差一点来贯通"，直到 2 月 9 日"体例结构基本考虑成熟，正文分上下编，上编'人文杂俎'，下编'科技渊薮'，然后按主题写作"。3 月初写完绪言部分，暂时搁笔，开始纠结《救荒本草》图像文本问题。至 5 月 20 日"开始恢复《〈梦溪笔谈〉通识》写作，从上编第三节开始，搁置了两个多月，又要重新复习文献"，7 月初开始下编，进展就很顺利了，8 月 15 日"生日，全天写完《〈梦溪笔谈〉通识》结束语"，8月 21 日"晚间改完《〈梦溪笔谈〉通识》交给贾总"，告一段落矣。

前贤有关沈括和《梦溪笔谈》的研究论著甚多，这本小书以金良年老师点校的《梦溪笔谈》（中华书局，2017）为主要工作本，参考过胡道静《〈梦溪笔谈〉导读》（巴蜀书社，1996）、《沈括研究·科技史论》（上海人民出版社，2011）、张家驹《沈括》（中国书籍出版社，2023）、何勇强《科学全才——沈括传》（浙江人民出版社，2005）、祖慧《沈括评传》（南京大学出版社，2004）、潘天华《〈梦溪笔谈〉说解》（江苏大学出版社，2008）。书稿完成以后，又读到左娅《沈括的知识世界：一种闻见主义的实践》（中华书局，2024），评价基调最与本书接近，而对沈括思想观念有深度发掘，值得推荐给感兴趣的读者作为进阶阅读材料。

小书写作中承艾俊川、史睿、罗宁、方爱龙、严晓星、刘天宇、林荣华诸师友或提供咨询意见，或惠赐书影图片，深致铭感。雪总发起机缘，洪波老师精心编辑，同此感谢。

王家葵

乙巳正月初五